Francisco Moreno

Roberto Hosne

Francisco Moreno

Una herencia patagónica desperdiciada

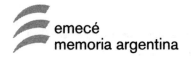

emecé
memoria argentina

Hosne, Roberto
Francisco Moreno.- 1ª ed. – Buenos Aires : Emecé Editores, 2005.
232 p. ; 23x14 cm.

ISBN 950-04-2655-2

1. Perito Moreno, Francisco-Biografia I. Título
CDD 923.9

Emecé Editores S.A.
Independencia 1668, C 1100 ABQ, Buenos Aires, Argentina
www.editorialplaneta.com.ar

© 2004, Roberto Hosne
© 2005, Emecé Editores S.A.

Diseño de cubierta: Mario Blanco
1ª edición: mayo de 2005
Impreso en Grafinor S. A.,
Lamadrid 1576, Villa Ballester,
en el mes de abril de 2005.

IMPRESO EN LA ARGENTINA / PRINTED IN ARGENTINA
Queda hecho el depósito que previene la ley 11.723
ISBN: 950-04-2655-2

Los que pensaban a lo grande

Un enigma perturbó a Francisco Pascacio Moreno hasta el final de su vida, y pese a sus persistentes esfuerzos, jamás llegó a desentrañarlo en su totalidad:

Nunca pude comprender cómo una nación viril, dueña de extensísimas zonas, desde el trópico hasta el polo antártico, no se empeñaba en su estudio para utilizarlas, con lo que afirmaría el dominio de lo que la naturaleza misma le señalaba como suyo.

El territorio al que se brindó con genio y temeridad, la Patagonia, no pudo ser protagonista de la eclosión que aguardaba esperanzado. Aunque desde 1875 hasta la fecha la situación haya cambiado, es sabido que en las tierras australes los ingresos surgen aún básicamente de las regalías.

Moreno, en cambio, anhelaba un futuro promisorio para ese suelo que exploró e investigó hasta el último rincón. Imaginaba que la Patagonia sería surcada por ferrocarriles que servirían a millones de personas y que trasladarían una diversificada producción a puertos rodeados de grandes ciudades. Confiaba también en que algún día los ríos serían navegables, sobre todo el Santa Cruz, cuyo curso él mismo remontó en una memorable expedición.

En definitiva, que el suelo patagónico se convertiría

en un verdadero emporio de riqueza austral, al mismo tiempo que una concentración de recursos de todo orden para el desarrollo y la defensa de los territorios del sur.

Sin embargo, una duda melló su esperanza: sabía que era necesario que

cese la actual forma de distribución de la tierra pública y se entregue ésta a los que puedan hacerla valer por el trabajo personal, porque pertenece a muy pocos dueños, que la obtuvieron en su mayoría por vil precio y por condescendencia de sus amigos en el gobierno.

A esa rémora se agregó el desmedido empleo público, que distrae ingresos para crear ocupación artificial y en ciertos casos para asegurar, en cada elección, el quedantismo oficialista.

Moreno discurría sobre el medio de "inyectar patriotismo práctico a los anémicos estadistas generalmente apáticos con todo cuanto no tiende al provecho político inmediato". Enfatizaba cómo esos pretendidos dirigentes se negaban a tomar ejemplo de países que, aun con regiones en peores condiciones que las de la Patagonia, construyeron ciudades modernas, industrias y se convirtieron en vigorosos centros de civilización: "las han modificado radicalmente engrandeciéndose con ello".

**Francisco P.
Moreno,**
en los años que
remontó el río
Santa Cruz
y exploró los
Andes australes.

Su convicción, llevada hasta las últimas consecuencias, correspondía a la de uno de los arquetipos fundacionales de la Nación. Quizás el último.

Curiosa y temprana vocación

Nació en Buenos Aires el 31 de mayo de 1852 (día de San Pascacio) En su niñez, Moreno solía escuchar los diálogos que su padre, don Francisco Facundo Moreno, mantenía con sus asiduos amigos Domingo F. Sarmiento, Bartolomé Mitre y Juan María Gutiérrez, entre otros notables; el destino de la República era el tema excluyente. Desde el exilio en Montevideo —donde vivió siete años y compartió tertulias con Echeverría, Paz y Florencio Varela—, su padre finalmente regresó a Buenos Aires como teniente primero de la Legión Argentina, para combatir a Rosas. Caído el dictador, le preocupaba la organización del país, y en las charlas que mantenía con sus ilustres contertulios los temas giraban alrededor de la necesidad imperiosa de constituir una República civilizada. Heredaban del rosismo un país con un ochenta por ciento de analfabetos, sin sistemas de transportes y comunicaciones, sin industrias y sin centros calificados de estudios superiores de enseñanza pública, de formación y de capacitación. Un país atrasado, de producción rural primaria con predominio de criadores rudimentarios, sin agricultura.

11

Así, entre 1854 y 1862, Francisco Facundo Moreno se desempeñó como diputado y senador de la primera legislatura constitucional, además de director del Banco Provincia de Buenos Aires y Tesorero de la Comisión que fundó el primer ferrocarril. Poco después, en 1865, creó La Estrella, primera compañía de seguros del país.

Al pequeño Francisco Pascacio lo entusiasmaban las lecturas de los viajes de Marco Polo y Simbad el Marino y leía azorado las dramáticas expediciones de David Livingstone y John Franklin. En su imaginación viajaba ya por tierras exóticas en cumplimiento de misiones idealistas. Quedó grabado en su espíritu el apotegma de Livingstone: "Iré a cualquier parte siempre que sea hacia adelante".

Las exploraciones de los expedicionarios despertaron su afición por las ciencias naturales. Poco a poco, improvisó en su casa un "museo con cornalinas y jaspes" que recolectaba los domingos en Palermo, y fragmentos

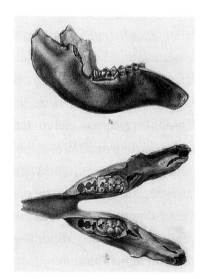

Fósiles
recolectados por Moreno,
en territorio bonaerense.

Carlos Germán Burmeister en una caricatura de la época. El reputado naturalista alemán llegó al país en 1862.

de rocas recogidas en las calles empedradas. A los quince años ya había reunido una interesante colección de piezas que exhibía en su improvisado museo. Sarmiento, quien supo valorar su labor, le sugirió a Francisco Facundo Moreno que presentara a su hijo al doctor Burmeister.

El científico Carlos Germán Burmeister, reputado naturalista alemán llegado al país en 1862, organizador del Museo de Ciencias Naturales, formó parte de una legión de especialistas extranjeros contratados por iniciativa de Sarmiento y Mitre para implantar y promover en el país la enseñanza y la investigación de diferentes disciplinas científicas. Cuando Moreno padre lo consultó, el entonces director del Museo de Buenos Aires, reconoció en Francisco Pascacio dotes excepcionales, a tal punto que denominó Dasypus Moreni a un fósil descubierto por el joven.

En ese momento, como reconocería tiempo después, la vocación de Francisco estaba decidida. En Chascomús y en Carmen de Patagones prosiguió con la búsqueda de fósiles, pero a partir de 1873, y luego que el coronel Luis J. Fontana, por sugerencia de Burmeister, le exhibiera restos geológicos y paleontológicos hallados en el norte de la Patagonia, participará en expediciones que junto a la investigación científica aunarán el reconocimiento del hasta entonces ignoto territorio patagónico, brindando a la Nación un servicio imprescindible.

A partir de entonces, exploró exhaustivamente la Patagonia; abundó en investigaciones como paleontólogo, antropólogo, geólogo y geógrafo; bautizó y dio nombres a ríos, lagos y montañas; convivió con los indios; y al igual que las aventuras leídas en la infancia, en más de una ocasión cumplió su objetivo con el último aliento, se vio sometido a esfuerzos extremos, hasta protagonizó una evasión memorable para salvar su vida y otras tantas peripecias tan sorprendentes como novelescas.

La vocación de Moreno, de acuerdo con su multifacética personalidad, fue abarcando otras disciplinas. Así, llevó a cabo actividades como paleontólogo, geólogo, etnógrafo, geógrafo, explorador, escritor, estadista, educador y por sobre todo humanista. Él lo explicaría de otra manera:

Cuando niño vi muchas veces en el bajo de Buenos Aires un músico ambulante que tocaba varios instrumentos al mismo tiempo: bombo, platillos, gaita y algún otro. Hoy me imagino ser algo así como ese músico. La realización de mi ideal me obliga a imitarle; pero sé que si no toco bien todos los instrumentos de mi murga pongo el mayor empeño en conseguirlo.

Su afición por las expresiones del arte callejero lo llevó al punto de intervenir, para carnavales, en la comparsa "Los Habitantes de la Luna", y provocó escozor entre sus allegados cuando en 1872 nombró "Protector de las Máscaras" al presidente Sarmiento. Pero no hubo consecuencias: el Jefe de Gobierno fue complaciente y aceptó el honor; de alguna manera, retribuía las consultas que efectuaba a los jóvenes intelectuales acerca de cuál era la metodología adecuada para incorporar el estudio de las ciencias a la educación pública. Entre ellos a Estanislao Zeballos, con quien Moreno participó ese año en la fundación de la Sociedad Científica Argentina.

Más allá de lo anecdótico, su trascendencia se debe, sin duda, a la fundación y dirección del Museo de Ciencias Naturales de La Plata, institución científica valorada mundialmente; a su rol decisivo en la demarcación de límites fronterizos, y a su intensa labor como estadista y educador. Su frase preferida y reiterada infinitamente, ante reacciones de intolerancia o que denotaban prejuicios sociales, era: "Eso lo convencerá a usted de la necesidad de educar al pueblo".

Moreno enfrentó la hostilidad de la burocracia oficial y de políticos obtusos, cuando no venales, en batallas perdidas ante la inercia de una sociedad conformista y frívola, apoltronada en su rol de país agroexportador. Ese Orden que se opuso a la aplicación de sus planes de colonización y producción, el que impidió el proyecto más imaginativo y eficiente para el desarrollo y población de la Patagonia, en el que coincidieron y trabajaron Francisco P. Moreno, Ezequiel Ramos Mejía, Bailey Willis y Emilio Frey.

Poco antes de su muerte, expresó:

Yo, que he dado mil ochocientas leguas a mi patria y el parque nacional (Nahuel Huapi), no dejo a mis hijos ni un metro de tierra donde sepultar mis cenizas.

El pensamiento de Moreno, en muchas cuestiones, fue más allá de lo que habitualmente se conoce. Su recepción a Teodoro Roosevelt (quien prefería como símbolo nacional de su país al oso, vigoroso y solitario, y no al águila, ave de rapiña) fue un particular reconocimiento, no al político y militar, sino al propulsor de los parques nacionales en Estados Unidos que además

consiguió reservar permanentemente para su país cien millones de acres de tierra para uso público, por su contenido de petróleo, carbón y varios minerales. Hagamos nosotros otro tanto con las tierras que contienen análogas sustancias. ¡Cuidado con los acaparamientos con miras comerciales y políticas! Declaremos también propiedad nacional el combustible blanco, el torrente, la cascada y sobre todo estudiemos la tierra como lo manda el sentido común, cambiando las leyes y los métodos anticientíficos actuales. Sólo así llegaremos a crear la "Gran Nacionalidad Americana del Sur".

Este pensamiento no es improvisado, dado que uno de sus más venerados maestros fue Juan María Gutiérrez, quien se consideraba a sí mismo "un hombre de Mayo", generación en la que Mariano Moreno, Castelli, San Martín y otros revolucionarios concebían a América del Sur como una totalidad política. La Real Academia Española le ofreció a Gutiérrez una corresponsalía que rechazó en estos términos: Rehusé del Imperio la cruz que me ofrecieron, por razón análoga no he querido el diploma académico. En fin, yo he procedido como americano libre.

La cuestión de las tierras públicas, la desaforada especulación inmobiliaria, la adjudicación de extensiones a granel a precio vil, fue denunciada enérgicamente y sin claudicaciones por Moreno. Ya Sarmiento, en 1885, reveló en El Censor que las tierras públicas obtenidas en la conquista militar se vendían a protegidos y amigos del gobierno a 400 pesos la legua cuando su valor real superaba los 3.000 pesos.

Las recomendaciones de Moreno no pueden ser, en la actualidad, más oportunas. En la especulación inmobiliaria, que ministros, gobernadores y legisladores prefieren llamar "inversiones", donde magnates extranjeros y nacionales adquieren su propio parque nacional y vedan el acceso de la gente al "combustible blanco [costas de lagos, ríos, arroyos], el torrente, la cascada...", queda establecida la diferencia entre un estadista visionario honrado y una mentalidad de funcionario público subalterno y oportunista, por más jerárquico que sea su cargo.

En una carta a Roca, en junio de 1899, Moreno afirmaba:

> Tropiezos no faltarán, dada la composición de nuestro medio actual... para corregir defectos arraigados, para hacer comprender el valor de las intenciones, la practicabilidad de reformas sociales y políticas... No creamos pues, que continuaremos contándonos entre los productores de primera línea de cereales, carnes, lanas y cueros, con sólo las actividades presentes.

El Museo de Ciencias Naturales de La Plata, que fundó y con los años elevó a una reconocida jerarquía científica internacional, atesoró colecciones sobre las cuales el eminente naturalista norteamericano H. Ward, en 1889, afirmó:

> Ningún museo de Europa y Estados Unidos puede compararse al platense en mamíferos fósiles. Tan sorprendido estuve por lo que vi en él, que mi primera visita se parecía a un sueño en el que me había entregado a saborear las delicias de fantásticas visiones. Sólo después de repetidas

veces pude convencerme de que todo aquello era en efecto una realidad.

Pero Ward no fue el único, varios científicos afamados llegaron de Europa y Estados Unidos para visitar especialmente el Museo de La Plata. La originalidad de Moreno fue la creación de la Sección Exploraciones, que incorporó más como una concepción de estadista que como naturalista. El programa que se trazó el Museo incluía, además del estrictamente científico, el de conocer el territorio argentino en sus múltiples fases como poder económico y su integridad territorial para contribuir a conocer regiones hasta entonces ignoradas. En este sentido, proclamaba:

> Debemos tener presentes que hasta que no se establezca un perfecto equilibrio en los elementos de producción y población, en todo el vasto territorio de la República, ésta no adquirirá la fuerza económica y política que debe tener... el progreso de la Argentina es ficticio.

Señalaba que, salvo raras excepciones, se abandona el interior, "desequilibrándose el país cada vez más como Nación... dificultando su coherencia social y política".

Recomendaba a los expedicionarios que cuando realizaran las investigaciones tuvieran siempre en cuenta esos objetivos "que guían al Museo", al disponer el estudio de los territorios andinos, lo cual sería bien juzgado por los que "se interesan en el progreso del país".

En rigor, se complementaron las investigaciones: al

extender las zonas de exploración con los fines ya expuestos, también se ampliaba la acumulación de piezas y objetos para el enriquecimiento de las colecciones del Museo.

La interpretación de Moreno acerca de las funciones que debe cumplir un museo no era la tradicional, porque además de la exposición de las colecciones quería convertirlo en una institución de educación y de enseñanza, profundizando los estudios de geografía, geología, paleontología, zoología, botánica, antropología y sociología.

Con la fundación del Parque Nacional despertó la conciencia ecológica en el país porque, si bien en 1903, con su donación de tierras dio origen a la creación del primer parque natural, Nahuel Huapi, esa propuesta ya la había formulado a partir de 1876, durante sus expediciones inaugurales al Sur. Lo curioso es que el gobierno notificó que por su patriótico desempeño en la demarcación de límites con Chile lo gratificaba, por ley 4192, con veinticinco leguas, pero sólo recibió tres de ellas, las que donó para constituir el parque. Como refiere Aquiles Ygobone,

> jamás pudo ubicar el resto de las leguas donadas. El Departamento de Tierras con sus excusas y pretextos siempre trató de dilatar el expediente iniciado obstaculizando su trámite pues afectaba intereses de los terratenientes.

Y como en 1905 las veintidós leguas aún "no habían sido ubicadas", Moreno, escéptico, cedió acciones y derechos por un monto depreciado de doscientos mil pesos a los propios terratenientes. Era toda su fortuna en ese momento, que destinó a solventar las "Escuelas Patrias", por él fundadas, en las que introdujo el comedor escolar dando de comer a chicos de hogares pobres: "El hambre, en esas zonas [Parque Patricios, Barracas, Bajo Flores y alrededores] era mucha y varios de ellos caminaban hasta 30 cuadras" para asistir a la escuela.

La comisión directiva del Club de San Cristóbal Sur lo propuso como diputado por esa circunscripción y resultó electo, pero su paso por el parlamento fue breve, aunque logró impulsar, entre once proyectos de ley, los que creaban las Estaciones Experimentales Agrícolas, la Dirección de Parques y Jardines Nacionales y ferrocarriles de fomento para la Patagonia.

Como vicepresidente del Consejo Nacional de Educación promovió las Escuelas Nocturnas para Adultos, la inclusión en el presupuesto de fondos para solventar el servicio de alimentación de los Niños Menesterosos y el de la Escuela para la Cenicienta, que destinaba maestras ambulantes para instruir a los chicos de hogares pobres que no concurrían a la escuela.

Cuando Moreno decidió resignar su banca de diputado para asumir en el Consejo Nacional de Educación, su renuncia fue rechazada pero insistió en su retiro, fundamentando:

es lógico que prefiera continuar dedicando el tiempo que me resta de vida a contribuir a hacer de los niños de hoy, tanto menesterosos como pudientes, madres y ciudadanos que sirvan eficientemente a la constitución definitiva de la Nación Argentina, siendo innegable que la fuerza y la grandeza de su mañana depende de la escuela de hoy.

Muchas de las obras que recomendó para el desarrollo agroindustrial y el poblamiento de la Patagonia, siguen pendientes. Sus observaciones para que la distribución de la tierra se hiciera fomentando la radicación de habitantes, no fueron debidamente atendidas. Propició la instalación de vías férreas de fomento y la navegabilidad de los ríos, y cuando desarrollaba sus propuestas, como genuino exponente de la Argentina fundacional que pensaba a lo grande, no hubiera admitido nunca que el riel o el barco a vapor pudieran constituirse en medios "antieconómicos". Ofendido, seguramente, ante tal ocurrencia de ir para atrás, habría contestado:

radiquen más pobladores, multipliquen las fuentes de riqueza, foresten, generen energía, fabriquen, trabajen, procesen en el lugar los bienes que le proporciona la tierra...

Todavía aguardan su realización algunas de sus propuestas más simples y viables.

No hubiera concebido que en la segunda provincia más extensa del país y la más despoblada, donde en su región cordillerana, sus lagos y su emblemático río realizó legendarias exploraciones y aportó creativas iniciativas para su engrandecimiento, una provincia necesitada de habitantes y de abundantes emprendimientos e inversiones para crear fuentes de trabajo, tenga en el año 2005 fondos provinciales depositados desde años atrás en bancos extranjeros por la suma de 507 millones de dólares más 27 millones en bonos y cupones, según el gobierno (o más de 1.000 millones de dólares, como denuncia la oposición), que no se invierten para fomentar el desarrollo económico-social. (Santa Cruz registra doscientos mil habitantes y el sesenta por ciento depende del Estado.) Pueden argumentarse varios motivos, pero es de esperar que uno de ellos no sea por falta de ideas y de vocación para planificar las obras y talento para llevarlas a cabo. Eso sería penoso aun aceptando con comprensible indulgencia que los responsables no tengan la claridad y la dimensión intelectual de Francisco P. Moreno.

Según pronósticos y estadísticas, no es aconsejable reposar en el dispendio de las regalías. "La Edad de Piedra no terminó por falta de piedras, y la Edad del Petróleo terminará mucho antes de que el mundo se quede sin petróleo". Esta aseveración pertenece al sheik Zaki Yamani, que cuando fue ministro del Petróleo de Arabia Saudita impulsó el embargo petrolero árabe contra los Estados Unidos, conmoviendo al mundo, obligando a modificar estrategias y políticas económicas.

El Perito Moreno fue desoído —o desaprovechado— en varias ocasiones. Una de ellas en 1900, cuando advirtió al ministro de Agricultura M. García Merou de la exis-

1907:
pozo en el que se
buscaba agua y surge
por primera vez el
petróleo.

tencia de petróleo y también de carbón en las inmediaciones de San Julián, recomendando que esas "tierras fiscales no fueran enajenadas".

Di instrucciones a los vecinos [entre 1896 y 1903] para favorecer la habilitación de "Rada Tilly", hoy Comodoro Rivadavia, para que algún día fuera punto de salida de esos productos de la región andina y a la vez buscar petróleo cuya existencia era mucho más probable que la del agua.

Aun así, desoyendo su revelación, en 1905 el Ministerio de Agricultura le encomendó la búsqueda de agua potable en la zona de Comodoro Rivadavia. Su respuesta fue inmediata: "Agua no encontrarán, pero sí petróleo, por la constitución geológica del suelo". En efecto, surgió petróleo y no agua. Poco después, en 1907, se repitió la misma búsqueda con el previsible resultado y pérdida de tiempo.

Recordemos algunas cifras: las reservas de petróleo en el mundo en miles de millones de barriles las encabeza Arabia Saudita con 261; Irán, 125,8; Irak, 115; Kuwait, 99; Emiratos Árabes, 97,8; Venezuela, 77,8; Rusia, 60; Libia, 36; Nigeria, 25; Estados Unidos, 22,6; China, 18,2; México, 15,6, y muy atrás Argentina, 2,8.

Se pronostica que Argentina tiene gas para alrededor de doce años y petróleo, para poco más. En la relación establecida entre las reservas y la extracción, Argentina, según *National Geographic*, registra un porcentaje de 9,53; Estados Unidos, 9,24; China, 6,81; Rusia, 4,50; México, 7,40 y los demás países antes mencionados, por debajo de 1,3.

La privatización energética de la década de 1990 tuvo pésimos resultados, dado que la Argentina se comprometió a exportar imprudentemente gas y petróleo, bienes no renovables que le son escasos. El país se lanzó al vacío con un muy festejado expansionismo de ficción. A la Patagonia le queda la posibilidad de desem-

Pozo petrolero en la provincia de Chubut.

Francisco P. Moreno
junto al aguaribay que
plantó frente a su museo
en el Edén San Cristóbal.

polvar los brillantes planes de Francisco P. Moreno, Eze-quiel Ramos Mejía y Bailey Willis, o al menos inspirarse en ellos, para evitar que continúe deshabitada, estanca-da, apostando como principal chance al paisaje y des-plazando solamente ferrocarriles de paseo. En tanto, no parecen acelerarse la explotación de nuevas fuentes al-ternativas de energía.

El último proyecto de Francisco P. Moreno era el de emprender un viaje a Nahuel Huapi para efectuar un re-levamiento topográfico que sirviera de base para la par-celación de tierras, construcción de caminos y ferrocarri-les y radicación de industrias que procesaran materias primas de la región. Se proponía impulsar el plan de colonización desarrollado por Bailey Willis, "no en la vasta proporción de éste sino con modificaciones", la cuestión era llevarlo adelante.

Lo iba a hacer a sus costas, con el dinero que obtendría de la venta de unos cuadros que logró rescatar del remate judicial de sus bienes dispuesto por el Banco Nación. Además quería dejar "sus huesos allí y no aquí, en un conventillo". Unas pocas semanas antes del viaje, falleció en Buenos Aires.

El explorador

Francisco P. Moreno realiza su primer viaje a la Patagonia en 1873; a partir de ese momento, asumirá un compromiso muy exigente.

Hácese necesario, pues, que sepamos con seguridad con qué elementos puede contribuir la Pata-

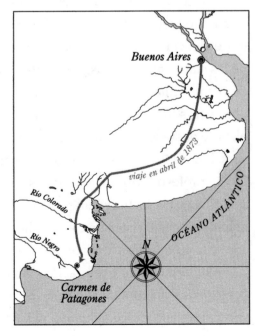

Primer viaje.

gonia a la prosperidad de la República… Hay que estudiar allí las condiciones geológicas y climáticas, su geografía, sus producciones y las ventajas que pueden ofrecer para su colonización, todo por medio de investigaciones serias y minuciosas.

Recorre las costas de los ríos Negro y Colorado, ya exploradas por Jorge L. Fontana y el profesor Pelegrino Strobel, cuyas revelaciones acerca de los paraderos y cementerios orientan a Moreno en su recolección de cráneos y objetos de piedra. La considerable cantidad de restos hallados le permitirá formarse una idea del interés que ofrecía el estudio del indio patagónico. Encuentra también sílices "magníficamente trabajados" por esos hombres primitivos con "sentimientos artísticos adelantados".

En 1865 la Universidad de Buenos Aires bajo el rectorado de Juan María Gutiérrez habilita el departamento de ciencias exactas, donde se impartía la enseñanza de las matemáticas puras y aplicadas, y de historia natural para "formar ingenieros y profesores". Los primeros profesores fueron contratados en el extranjero y entre ellos se destacó Pelegrino Strobel, catedrático de la Universidad de Parma en geología, mineralogía y zoología.

El profesor Strobel, uno de los primeros herborizadores del país, instituyó un premio anual para los estudiantes sobresalientes en ciencias naturales, y el primer año se lo adjudicaron los naturalistas Hicken y Holmberg.

A lo largo de su exploración, Moreno reúne restos geológicos y paleontológicos que, por sugerencia del joven naturalista belga Eduardo Van Beneden, de paso por el país, y del propio Burmeister, envía al científico Paul Brocca (descubridor de las diferencias de los hemisferios cerebrales), con un informe detallado. El sabio francés, entusiasmado con los cráneos fósiles de formas singulares y objetos de piedra enviados por Moreno, recomendará su publicación a la *Revue d' Anthropologie* de París, destacando la importancia del descubrimiento.

Al año siguiente, en 1874, el gobierno envía a Santa Cruz el bergantín *Rosales*, al mando del teniente coronel Manuel Guerrico, con la misión de observar la zona adyacente a la bahía, donde se habían establecido los chilenos; entre la oficialidad se hallan el subteniente Martín Rivadavia (nieto de Bernardino) y el guardiamarina Carlos María Moyano.

Con ellos viaja el naturalista de origen ruso Carlos Berg, de 29 años, recién llegado a Buenos Aires, en una misión encomendada por el Museo Nacional de Ciencias Naturales con el fin de reunir piezas para sus colecciones. A Francisco P. Moreno, entonces con 22 años, se le

Carlos Berg,
naturalista de origen ruso,
viajó junto a Moreno y Martín
Guerrico a Santa Cruz, en 1874.

concede el permiso solicitado para participar del viaje, a sus expensas; además de coleccionar fósiles y objetos para su museo, su intención es realizar estudios geográficos y geológicos. La misión se extenderá desde agosto hasta diciembre de 1874, con dos escalas en Carmen de Patagones. Entre las tareas asignadas, quizá la más relevante es la de remontar el río Santa Cruz hasta sus nacientes y, desde allí, dirigirse por las faldas de la cordillera hasta Mendoza; sin embargo, la carencia de recursos los obligará a desistir y a regresar con el bergantín *Rosales* a Buenos Aires.

Como resultado de sus exploraciones en Santa Cruz y Río Negro, Moreno cuenta con alrededor de ochenta cráneos indígenas antiguos, y unas quinientas puntas de flechas trabajadas en piedra, además de utensilios y objetos diversos. No obstante, uno de sus principales objetivos sigue siendo el de entablar contactos con los indios "sometidos" y hacer averiguaciones acerca de los hábitos, lenguaje e idiosincrasia de las diferentes tribus de cada zona.

A su regreso, viaja a Entre Ríos para cotejar la "formación terciaria de la Patagonia con la del Paraná". Recorre una amplia zona, examina el suelo y añade a su colección fósiles y organismos antiguos; con el mismo propósito se traslada a Vitel, Olavarría, Azul, Tandil y laguna Blanca Grande. Acerca de estas exploraciones Moreno redacta dos trabajos que son divulgados en el Con-

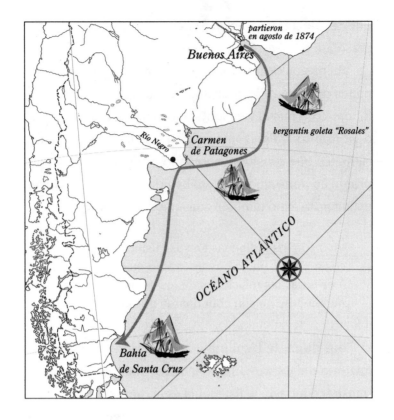

partieron
en agosto de 1874

Buenos Aires

bergantín goleta "Rosales"

Río Negro

Carmen
de Patagones

OCÉANO ATLÁNTICO

Bahía
de Santa Cruz

Segundo viaje.

greso de Antropología y Arqueología Prehistórico de Estocolmo y por el Boletín de la Academia de Ciencias de Córdoba, fundada por el naturalista Germán Burmeister.

Sorprende a los círculos culturales y científicos de Buenos Aires su temeridad y su ferviente interés por explorar zonas desconocidas, supuestamente peligrosas y salvajes; él mismo no deja de asombrarse: "Soy más fuerte de lo que creía". Lo acompañan en sus viajes un cuaderno, en el que registra minuciosamente sus observaciones; un bolso, donde guarda los huesos y fósiles que recolecta; un poncho; unas latas de paté, y por si acaso, un revólver Smith & Wesson...

Su pasión de investigador, se comenta, rompe los cánones previstos y la intensidad en la acción le dan el valor de "cosa nueva y espontánea en nuestro país". Ha redescubierto la Patagonia y develado un tesoro de valor científico que considera necesario explotar. No obstante, pronto advierte que no basta estudiar a las generaciones extinguidas, sino también a las que las sucedieron:

Vivir con los indígenas en sus mismos reales y recoger allí los datos buscados vale mucho más que leer todas las relaciones de los cronistas, que generalmente no son abundantes de verdad.

Sin duda, le inquieta esa extensión infinita, "...el misterio del Oeste". El otro motivo, pues, que lo incita a transitar e indagar la Patagonia es la carencia de información geográfica y geológica. Junto al interés científico, se impone la necesidad de "estudiar las regiones que nos cuestionaba Chile".

En sus exploraciones alienta a Moreno un inquebrantable optimismo: cree firmemente que ese despoblado y árido territorio se transformará en una tierra de promisión "una vez que se realice la explotación racional del suelo y la obra de los puertos a que esa explotación obligará".

Y ese futuro venturoso no lo concibe con la exclusión del aborigen; así, por ejemplo, cuando evalúa el progreso del Oeste del Chubut en la amplia región que se extiende hasta el Limay, sostiene que la población futura

Típico toldo tehuelche, que Moreno habitó alguna vez conviviendo con los indígenas durante sus exploraciones.

se mezclará con "los indígenas de Mackinchau. La toldería de hoy podrá ser con la ayuda de los caciques Inacayal y Foyel, que por lo general viven en ese punto, un centro de civilización..." Por eso, afirma:

> Se cree vulgarmente que para la población de la Patagonia es necesaria la extinción del indio. Si éste, en su orgullo de salvaje no pide a la tierra lo que ella voluntariamente no le proporciona, es porque desprecia la vida sedentaria y prefiere ceder a la atracción que en su cerebro ejercen los horizontes ilimitados del desierto, que lo encamina a la vida nómada, porque la ambición le es desconocida y porque le basta tener con qué cubrirse y alimentarse para vivir contento... El día que conozcan nuestra civilización antes que nuestros vicios y sean tratados como nuestros semejantes, los tendremos trabajando... haciendo el mismo servicio que nuestros gauchos.

En ese momento, los sitios poblados por blancos son Carmen de Patagones, la colonia galesa del Chubut, y en la desembocadura del río Santa Cruz el caserío de la isla Pavón, de Luis Piedra Buena. Mientras el primer censo nacional de 1869 había registrado una población total de 1.877.490 habitantes, se conjetura que en el territorio patagónico residen por entonces unos veinticuatro mil indígenas. Al introducirse en sus dominios, supuestamente riesgosos, Moreno se siente protegido por su propio temperamento: "Mi carácter confiado no me auguraba grandes penurias y, llegado el caso, contaba con la tenacidad suficiente para sobrellevarlas".

Similar actitud adopta ante la azarosa investigación geográfica que lleva a cabo, provisto de cartas y mapas probablemente imprecisos con respecto a la situación de

Carmen de Patagones
en una visión de Santiago J. Albarracín, en la época en que los exploradores se detenían para adquirir o cambiar caballos, contratar baquianos y completar provisiones antes de partir hacia "la llanura sin fin, el misterio del Oeste".

ríos, lagos y montañas: "...la atracción de lo desconocido me arrastraba a buscarlos". Sólo que algunas veces, esa misma actitud le ocasionará inconvenientes, como le ocurrirá con Sam Slick, hijo del cacique Casimiro Biguá, a quien conoce durante su primer viaje a Santa Cruz. Sam permite a Moreno que le tome una fotografía pero de ninguna manera consiente en que midan su cuerpo, y mucho menos su cabeza. Tiempo después, volverán a encontrarse en Patagones; Moreno lo invita a acompañarlo en su viaje a Nahuel Huapi, pero el joven tehuelche se niega diciendo que en realidad lo único que quiere de él es su cabeza. Slick se marcha al Chubut, donde finalmente es asesinado en una riña por dos indios embriagados.

Durante su exploración por el Chubut, y enterado del

Isla Pavón.
Ramón Lista, 1879. *Viaje al país de los tehuelches.*

37

trágico final de Sam Slick, Moreno logra averiguar que ha sido sepultado en el cementerio de Gaiman, entonces

...en una noche de luna exhumé su cadáver, cuyo esqueleto se conserva en el Museo Antropológico de Buenos Aires, sacrilegio cometido en provecho del estudio osteológico de los tehuelches. Lo mismo hice con los [esqueletos] del cacique Lapo y su mujer que habían fallecido en ese punto, en años anteriores.

Su travesía por el extenso territorio argentino, y por su carrera científica, acaba de comenzar.

EN LOS TOLDOS, CON SAYHUEQUE

Con el apoyo de la Sociedad Científica Argentina, en setiembre de 1875, a los 23 años de edad, Moreno emprende su anhelado viaje a Nahuel Huapi. La entidad, escasa de fondos, proporciona la suma de veinticinco mil pesos y respalda a Moreno para solicitar otro tanto a la gobernación de la provincia de Buenos Aires, que accede a completar, con su aporte, la suma de cincuenta mil pesos. (Al crearse ulteriormente la moneda nacional, ese monto equivaldrá a dos mil pesos.)

Hasta entonces, las exploraciones eran financiadas por su padre, pero en esta ocasión sus amigos y colegas le sugieren que gestione el apoyo de la Sociedad Científica Argentina. Por su parte, Moreno se compromete a

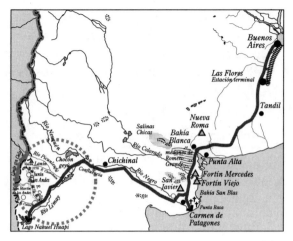

Tercer viaje.

Detalle del tercer viaje.

...se trasladó a los toldos de Ñancucheo, sobre el río Chimehuin frente al volcán Lanín. Asistió allí a la fiesta de "huecururá", donde se usaron máscaras de madera, como en las lejanas tribus del norte de América, lo que tal vez probaba, como sus rasgos, un origen común.

Volvió a Caleufú por el valle, por laderas entre las que se hallaba el volcán Quetropillán...

Al finalizar la fiesta de celebración de la omnipotencia de F'ta Huentrú, que duró cuatro días, Moreno emprendió el regreso. Apenas cruzado el río Collón Curá fue víctima de una acechanza en los toldos de los capitanejos Praillan y Llofquen...

Cruzó el correntoso Traful y al llegar al lago, bebió agua en la naciente del Limay.

escribir para ella la descripción detallada de este viaje acompañándola de la de los tres anteriores verificados a mis expensas y dividir por mitad con ella los objetos obtenidos en la expedición proyectada.

Un espaldarazo importante le brinda Bartolomé Mitre, quien destaca que el museo particular del joven científico exhibe "la más completa colección craneológica americana que exista".

Pese a la ayuda recibida, Moreno organiza la expedición tratando de reducir los gastos al máximo. Considera que la misión debe ser llevada a cabo por un solo explorador con los baquianos necesarios, pues varios hombres armados despertarían las sospechas y recelos de los indígenas; de ese modo, además, se reducirían los gastos en la reserva de provisiones y animales. En cuanto a la recolección de fósiles y objetos no necesitaría demasiados ayudantes porque su objetivo era recoger únicamente las piezas de mayor interés y, hasta donde fuera posible, transportarlas con los medios que disponía.

Se traslada en tren hasta Las Flores, entonces punta de riel, y desde allí en diligencia hasta Bahía Blanca, llegando a Punta Alta para observar los yacimientos fosilíferos localizados por Charles Darwin en 1834. A continuación, emprende una interminable y fatigosa cabalgata a través del vasto territorio patagónico, admitiendo que "el suelo austral, árido y triste tenía grandes atractivos", entre ellos el que ahora se propone: convivir con los indígenas en su propio ámbito, "para recoger entre aquellas tribus próximas a desaparecer documentos que sólo conocía de oídas", y que no eran suficientes.

Más adelante relatará con melancolía sus impresiones en un medio tan primitivo, consciente de ser el último viajero testigo de ese mundo, antes del penoso e inconsulto "aniquilamiento" de esas tribus.

Lo acompañan el baquiano Linares y cuatro indios de escolta, quienes arrean la caballada y cazan; a casi un mes de la partida de Carmen de Patagones llegan a las barrancas de Chocón Geyú, que el piloto Basilio Villarino compara, al ser vista en noche clara, con una ciudad en ruinas ostentando cúpulas y torreones fantásticos. Villarino explora los ríos Limay, Collón Curá, Negro y Colorado, y aporta referencias geográficas de mucha utilidad, así como las cartas de los ríos Negro y Limay.

En Neumucó, Moreno toma contacto con indígenas de Sayhueque, el jefe principal de la Patagonia, quien

Charles Darwin mantuvo por años correspondencia con científicos argentinos, y su interés por el territorio patagónico quedó expresado en valiosas investigaciones.

Valentín Sayhueque, compadre de Moreno, logró que éste lo liberara cuando estuvo prisionero en Buenos Aires y que además le consiguiera "algo de tierra" para establecerse.

acaudilla a las naciones araucana, picunche, mapuche, tehuelche, huiliche, al mando de ochenta y cuatro caciques y capitanejos de menor jerarquía. Por supuesto, el gran cacique ya tenía noticias de su arribo al país de las manzanas, llamado así por la gran abundancia de manzanares silvestres que se multiplicaron de los que inicialmente introdujera el misionero Felipe Van Der Meere, o padre Laguna.

Se detienen a orillas del Collón Curá y Moreno envía un chasque con el aviso de su llegada a Sayhueque, expresándole su deseo de saludarlo en el toldo, una formalidad ineludible. Regresa el chasque con la respuesta afirmativa de Sayhueque y en una templada mañana de diciembre de 1875 el gran cacique, luciendo su mejor atuendo, a caballo, recibe a Moreno rodeado de sus parientes. Se estrechan las manos, expresan mutuos deseos de paz y amistad e ingresan solos al toldo.

Moreno conoce ciertos rumores que anticipan una invasión de cuatro mil lanzas a Carmen de Patagones, pero con prudencia, y quizás incredulidad, prefiere no hacer ningún comentario y espera a que el jefe indio aluda al ataque. A lo largo de una prolongada conversación que demanda un monótono desempeño de los intérpretes, Sayhueque se queja de que tanto el gobierno argentino como el chileno se muestran muy beligerantes con su tribu, pero que él tiene buenas intenciones y no quiere pelear con nadie. Prueba de ello es que, en honor a la presencia de Moreno, suspenderá la invasión a Patagones.

El cacique está ofendido con el gobierno argentino porque no le ha entregado las raciones completas, y además desoyó a dos chasques que envió a reclamarlas. También manifiesta su fastidio para con "los amigos del pueblito [Patagones] porque no le mandaban ningún recuerdo". (Las raciones fueron otorgadas originariamente

Galeses en la Patagonia

a los indios por Juan Manuel de Rosas para apaciguarlos, y obtener una paz relativa, pero se le criticó esa concesión de dádivas por fomentar el ocio y la pereza entre los aborígenes y originar una situación propicia para los traficantes inescrupulosos.)

Asimismo, reitera sus quejas por los territorios que los blancos le han quitado, aunque aclara que es demasiado bueno al permitir que pueblen Chubut y Patagones, sin su consentimiento previo. Acerca de la colonia del Chubut, dice: "¿La gente de la colina? Ellos [los galeses] están aquí porque yo lo quise. Yo les permití poblar el Chubut". En ese entonces, desde las tolderías araucanas de Choele Choel, partían feroces malones que asolaban la provincia de Buenos Aires, pero acataban la decisión de Sayhueque y se abstenían de atacar la colonia galesa.

En cuanto a Patagones, la actitud de Sayhueque parece más bien un simulacro que una amenaza real. Los jefes indios nunca tuvieron verdaderas intenciones de atacar esa población y fue George Chaworth Musters quien reveló las razones, expuestas durante un parlamento en el que participaron importantes caciques y todos coincidieron en ponerse a la órdenes del cacique Casimiro con el objeto de defender a Patagones en el caso de una invasión de Roque o Calfucurá. Los jefes indios reconocen la necesidad de protegerla porque si esa población llega a ser destruida, no habrá mercado para sus pieles y todos los productos que intercambian, y tampoco podrán abastecerse de los que los huincas les brindan.

George Ch. Musters. Moreno tenía presente las útiles observaciones y referencias que George Ch. Musters registró a lo largo de su memorable travesía con los tehuelches de Casimiro y Orkeke.

Moreno es el huésped del gran cacique y, como referirá tiempo después, "Viví allí [Caleufú] aprovechando la noble hospitalidad del dueño del suelo". También reflexionará acerca de los prejuicios de los blancos que no querían admitir los instintos generosos del indio:

... sé que el viajero no necesita armas mientras habite el humilde toldo. No será atacado, a no ser en las borracheras, y si llega el caso raro de ser ofendido, lo será siempre después de haber sido juzgado.

Asegurará que si el huésped tiene buenas intenciones, no debe temer; él mismo es juzgado en varias ocasiones por intrigas o delaciones infundadas y "...obtuve siempre la razón, en contra de los mismos indios".

Y antes de hacer averiguaciones acerca de quién es y qué busca, se le proveerá al visitante comida y recién cuando haya saciado su apetito será interrogado. Aunque el verdadero sacrificio para el huésped, si es blanco, consistirá en afrontar el momento en que generosamente le ofrezcan comida: "Los hígados, pulmones y riñones de yegua u otros animales, crudos, que los indios saborean en la sangre aún caliente", no son precisamente un manjar. "Muchas veces he sellado amistad con un cacique engullendo con valor estoico una gran cantidad de engrudo crudo...", como cuando el jefe Quinchauala, quien se opone a que Moreno visite Nahuel Huapi, cambia de idea después de haber comido en su compañía harina de maíz con sangre y mondongo crudo.

Moreno también dará cuenta de cómo los aborígenes sucumben ante el aguardiente:

...se entregan a borracheras desenfrenadas y beben días y semanas enteras (...) He presenciado algunas de ocho días de duración. En estas circunstancias es cuando el viajero peligra.

Finalmente, su solicitud para visitar Nahuel Huapi y cruzar a Chile es considerada por el "Consejo de los Viejos". Allí, Moreno relata el motivo de su visita en el despoblado de Quem-quen-treu, a orillas del Collón Curá. En la ceremonia, participan alrededor de cuatrocientos cincuenta guerreros dirigidos por sus capitanes. Sin bajarse del caballo durante cinco horas y acosado por la sed, Moreno responde al astuto interrogatorio de los jefes indios despejando, aparentemente, alguna suspicacia.

Concluido el parlamento, el cacique Ñancúcheuque lo invita a visitar su toldería. La mujer del jefe indio es la hermana del baquiano que guía a Moreno desde Patagones; además de prepararles la cena les acondiciona lechos de cueros pintados, cubiertos con tejidos y almohadones. Su llegada coincide con un rito pehuenche que celebra la nubilidad de una joven, manifestación natural que asume para ellos gran solemnidad. Durante el baile, Moreno se desempeña como el músico encargado del *ralí*, o plato de madera cubierto con un pergamino pintado que se golpea acompasadamente con dos palillos y a cuyo son saltan y hacen contorsiones los bailarines.

Por último, Sayhueque autoriza a Moreno a viajar a Nahuel Huapi, pero le niegan el permiso para cruzar a Chile. (Los mapuches no querían que ningún blanco descubriera los pasos cordilleranos, ya fuere para mantener ocultos los boquetes por los que arreaban el ga-

Fiesta en Caleufú,
dominio de Sayhueque.

nado robado o porque podrían ser utilizados para alguna invasión o incursión bélica, entre otros motivos. Era el paso, también, que atravesaban los *aucaches*, mestizos de Valdivia, para vender a los mapuches su pésimo aguardiente.)

Insiste Moreno y logra que Sayhueque le permita acampar en Nahuel Huapi alrededor de una semana, y para asegurarse de que no se demore o intente desviarse, el cacique le raciona la comida y sólo le suministra una oveja para él y sus dos acompañantes.

El 22 de enero de 1876 la visión del lago Nahuel Huapi deslumbra a Moreno, quien lo contempla absorto durante horas, recorriendo los alrededores en medio de una profunda quietud. Y junto con la mirada proyecta en su imaginación el futuro de cada región patagónica:

> El tiempo llegará en que esos parajes vírgenes de civilización se conviertan en populosos centros, donde el hombre aproveche las múltiples y poderosas fuerzas que allí ostenta la naturaleza...

Durante dos días realiza intensas investigaciones y estudios, bebiendo "con gozo las frescas aguas" del lago, y cuando el cansancio lo vence, dolorido por andar entre piedras y espinas, se tiende en la orilla envuelto en el quillango sobre un lecho formado por cascajos que acondiciona con cuidado.

Como dirá después, "El espíritu descansaba tranquilo, como el lago azulado ese día..." en que toma posesión del Nahuel Huapi izando la bandera argentina, y registrando en su diario que es "el primer hombre

Museo de Ciencias Naturales
en la ciudad de La Plata.

blanco que llega desde el Atlántico". Siembra semillas de eucaliptus con la esperanza de volver y encontrarlos creciendo...

Luego, cumple con la palabra empeñada y regresa a Caleufú para solicitar la anuencia de Sayhueque para ir hacia el Oeste, a la sierra de Chilchiuma, a cuyo pie instaló sus toldos el cacique Chacayal, pariente de Sayhueque, enemigo de los huincas y reputado orador, tan convincente como persuasivo según Moreno.

Chacayal sostiene que los blancos han ido a robarlos y a extraer la plata de las montañas: "En vez de pedirnos permiso para vivir en los campos nos echan y nos defendemos". En cuanto a las raciones, considera que sólo son

un pago muy reducido de lo mucho que nos van quitando; ahora ni eso quieren darnos y como se concluyen los animales silvestres, esperan que perezcamos de hambre. (...) Nosotros somos dueños [de la tierras] y ellos intrusos. Es cierto que prometimos no robar y ser amigos, pero con la condición de que fuéramos hermanos. Todos saben que pasó un año, pasaron dos años, pasaron tres años y que hace cerca de veinte que no invadimos, respetando los compromisos contraídos.

Enfatiza su rechazo a las invitaciones de los ranqueles y mamuelches para participar de los malones, aunque considera que

ya es tiempo que dejen de burlarse de nosotros, todas sus promesas son mentiras. Los huesos de nuestros amigos, de nuestros capitanes asesinados por los huincas blanquean el camino a Choele-Choel y piden venganza y no los enterramos porque debemos siempre tenerlos presentes para no olvidar la falsía de los soldados.

Si bien admira la enjundia de Chacayal, Moreno se siente muy conforme de haber evitado ser su yerno. Cuando Sayhueque, emocionado ante un obsequio de su compadre (una botella de cognac Martell), lo quiso desposar con una hija de Chacayal, Moreno le dijo al cacique que aún no se sentía suficientemente familiarizado con los indios y no estaba preparado para asumir esa responsabilidad. Pasado el efecto del cognac, Sayhueque no volvió a tocar el tema. Pero poco después, Moreno halla a Sayhueque

...apesadumbrado, porque la hija de Chacayal, que era al mismo tiempo mi prometida, parecía estar gravemente enferma y exigía mis cuidados médicos. El licor la había seducido y la embriaguez le había ocasionado fuertes dolores de cabeza.

El improvisado médico le aplica "sin compasión cinco sinapismos preparados según la receta del Dr. Rigollot", en ambas pantorrillas, en los brazos y en la nuca y,

sea que la casualidad hiciera que la congestión se disipara o que el efecto de los sinapismos fuera demasiado fuerte el caso fue que la enferma se encontró sana, al menos en apariencia.

Por esta cura le obsequian a Moreno un caballo.

La hermana de la enferma, una *machi* (hechicera y médica al mismo tiempo) que no acertó con la administración de los remedios, no puede reprimir una mirada rencorosa contra su competidor. En cambio, Moreno se deleita mirándola:

La joven indígena más hermosa que he visto en las regiones australes —cuya edad no pasaba de los 20 años—; mucho examiné a la hermosa india. Sus joyas relucientes sobre el fondo oscuro de sus mantas, la elegante redecilla de cuentas de vidrio y de plata, su ancho tirador de virgen, los collares y los grandes aros, y los adornos colgados de sus largas trenzas, quizá postizas, lo que no era raro entre las indias, y más que todo sus hermosísimas botas de garra de león cubiertas de placas semiesféricas de plata, eran dignas de la mayor atención del etnógrafo.

Pero las peripecias de Moreno no terminan allí. Entre los asistentes a la tolderla se encuentra el cacique Yankakirque, conocido como "el de las nueve mujeres", quien exige a Tapayo (así llamaban los indios amistosamente a Moreno, equivalente a "moreno" o "morocho") una prueba de sinceridad y a la vez de resistencia física, que el joven científico resiste airosamente: fortísimos apretones de mano y tironeos para desmontarlo bruscamente del caballo y, en seguida, una carrera desenfrenada entre arroyos, malezas y pedregales, en la que Moreno vuelve a lucirse.

A los pocos días, Moreno y Sayhueque se despiden, convertidos en compadres y calificándose ambos de "toros" (valientes). Entre compadres todo es mutuo excepto la mujer, explicará Moreno, y uno no puede negar al otro lo que pide, aun cuando sea el caballo o la lanza,

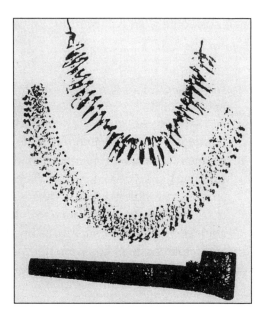

Collares de dientes de guanaco y de cuentas y pipa de madera, objetos que los aborígenes obsequiaron a Moreno y éste guardaba como preciados recuerdos.

sus prendas de mayor valor; además, están obligados a prestarse auxilio en caso de peligro o vengar al que ha sido maltratado o muerto. Nada debe separarlos.

En la despedida, Moreno sorprende gratamente al cacique con un último presente: una bandera argentina. Sayhueque no demora en izarla y hacerla flamear en lo alto de su toldo.

Sin embargo, el clima armónico de la despedida dura poco: al cruzar el Collón Curá un grupo de indios de la toldería del cacique Huiliqueupú ataca a la expedición con la intención de matar a Moreno, en venganza por la muerte de ese cacique ocurrida en un lazareto del gobierno, a quien culpaban de haberlo engualichado cuando viajó a Buenos Aires para negociar las raciones. Por fortuna, el cacique Monfilqueupú interviene y lo rescata cuando está a punto de ser lanceado. Envuelto en la polvareda que levanta la caballada, logra escapar a todo galope.

Trágico descreimiento

En la cabalgata de regreso, en el paradero Chichinal, próximo a General Roca, Moreno se encuentra con un grupo de araucanos que estaba descansando y para inspirar confianza se presenta ante ellos como un comerciante chileno comprador de ganado (quedaba sobreentendido que como tal adquiría a los aborígenes hacienda robada en los malones)

Sospechando que volvían de maloquear, Moreno

pregunta a quien parecía ser el indio de más autoridad
si habían matado muchos cristianos.

—Muchos, y entre ellos un comandante.

—¿Sabe su nombre?

—Sí... Turao

¡Pobre Mayor Jurado! [recordó Moreno]. Me había
despedido en el Azul, temeroso por mi vida, meses antes. Yo le había contestado: ¿Quién sabe a
cuál de los dos matan primero?

También se entera que había muerto el mayoral de
la mensajería de Bahía Blanca, "el bueno y bravo Calde-
rón" y del degüello de una hermosa joven que para no
caer cautiva se había escondido debajo de una carreta.

Pero lo que más lo estremeció fue enterarse que
los indios se estaban reuniendo en Salinas Grandes para organizar "una gran invasión" y atacar poblados de
Buenos Aires.

Asume que debe alertar urgentemente sobre la inminencia del malón y como no tiene caballos suficientes
para llegar a tiempo a Patagones, decide llevarse los de
los indios. Moreno y su asistente, "el único blanco de la
caravana" ensillan con sigilo y, una vez montados, atro-
pellan y arrean la caballada. Los indios se quedan de a
pie salvo algunos que emprenden la persecución pero
"el revoleo de sus lanzas —referirá Moreno— cesó con
algunos tiros eficientes de mi revólver".

A la madrugada, se detienen a unas diez leguas de
Chichinal con veinticinco caballos aparte de los propios.
Moreno va montado en el magnífico ejemplar que le ha-

bía regalado Sayhueque. Arriban a Patagones en poco
más de un día de galope intenso y con la misma celeri-
dad continúan hasta Bahía Blanca, llegando en dos días;
"y sin descanso, nuevamente en marcha día y noche, hacia el Norte".

El caballo comprado en Patagones debe ser abandonado en Bahía Blanca y al llegar a Tres Arroyos, donde solamente halla un rancho en construcción para alo-
jar un destacamento policial, cae muerto el caballo
regalado por Sayhueque. Moreno es provisto de caballos y logran proseguir hasta Tandil donde desensillan
cuando despunta el sol.

De inmediato, despierta al juez de paz, le da el alerta y obtiene unos caballos con los que continúa el frené-
tico galope. En Rauch deambulan media hora para conseguir caballos de refresco; a las diez de la noche llegan
a una estancia, los moradores duermen, pero una voz
contesta: "Agarre los que están en el corral". Exhausto,
Moreno trata de ensillar un caballo, pero reconoce que

...no soy buen jinete, mis piernas torcidas no
siempre están al quite en las espantadas del caballo y recibí esa noche el décimo golpe de la jornada. Sólo me quedaba medio vidrio en los anteo-
jos. Por suerte la noche no era oscura, de todos
modos era preciso llegar a Las Flores.

Por fin, logra comunicarse por telégrafo. Luego, ha-
rapiento, sucio, maloliente y cargando la montura, se dispone a tomar el tren, pero cuando trata de subir al va-
gón, una voz femenina le dice:

—Se equivoca, buen hombre, este coche es de primera.

Observa a las damas que le hacen la advertencia, sonríe, pero igualmente sube. Se arrebuja en el poncho pampa y se arrincona en un asiento. Las distinguidas damas, resignadas, continúan su conversación:

—Pobre Moreno, parece que los indios lo tienen cautivo en la cordillera y lo maltratan, según avisan de Chile.

Moreno interviene:

—Me permiten, señoritas, no es exacta la noticia.

Las mujeres lo miran sorprendidas y, molestas, preguntan:

—¿Y cómo lo sabe?

—¡Porque soy Moreno!

Entablan entonces una charla cordial y se entera de que las damas eran amigas de sus hermanas. El amable trayecto le da un respiro a Moreno, quien pronto se encontraría con nuevos sinsabores

Apenas llega a Buenos Aires avisa al Ministerio de Guerra de la inminencia del malón. Pero las autoridades militares y los funcionarios de Interior no toman en serio el aviso.

—No te creen —le dice un conocido—. Suponen que son cosas de muchacho que llega asustado.

Tres días después se produce el sangriento malón, el más devastador, que costará cientos de vidas y cientos de miles de cabezas de ganado robados, además de la destrucción de gran parte de Tandil, en marzo de 1876.

Más tarde, Moreno se lamentará: "Por desgracia mía he sufrido varias veces estos desconsuelos".

El legendario
**Luis Piedra
Buena,**
venerado por
Moreno, quien
lo consideraba
un héroe por
sus servicios
humanitarios,
su arrojo y su
excepcional
pericia
marinera.

Encuentro de dos grandes: Moreno y Piedra Buena

En octubre de 1876 Moreno se embarca en la goleta *Santa Cruz* en cumplimiento de una misión que sufraga el gobierno. Se propone remontar el río Santa Cruz, situar sus fuentes y explorar la región cordillerana austral.

Discutimos hace tiempo las tierras australes sin conocerlas; hablando de límites en la cordillera, separación de las aguas y aún no sabemos que dirección sigue, ni donde concluye si puede servir de límite o no en las regiones inmediatas al Estrecho de Magallanes. Hácese pues necesario que sepamos con seguridad con qué elementos puede contribuir la Patagonia a la prosperidad de la República y esto sólo puede conseguirse conociendo su geografía y sus productos naturales.

La aprobación de su proyecto cuenta desde el principio con la resistencia de la burocracia oficial y de algunos personajes que no llegan a entender la necesidad de conocer un territorio casi ignoto, porque así lo demanda el interés nacional. Finalmente, es el presidente Nicolás Avellaneda quien autoriza la expedición y Moreno zarpa en la pequeña goleta de cien toneladas, cuyo capitán es el legendario Luis Piedra Buena. Así se reúnen dos hombres singulares: uno en suelo continental, el otro en el mar austral. Dos hombres que asumen solitaria y voluntariamente la responsabilidad de explorar y conocer la Argentina austral, que brindan absolutamente sus servicios a la Nación, afrontando muchas veces situaciones en extremo peligrosas y poniendo en juego la propia vida. Moreno y Piedra Buena se harán cargo, prácticamente, de la soberanía y el destino de un tercio del territorio nacional con la sencillez propia de los grandes.

En ese viaje, el joven Moreno manifestará su admiración por el legendario lobo de mar, cuyos servicios "no sólo aprovecha la Nación, sino la humanidad entera".

Alguna vez se escribirá la biografía de este bravo y modesto compatriota. Su nombre se halla estampado en las relaciones de viaje que de veinte años a esta parte se han publicado tratando de las costas patagónicas, sus auxilios a los náufragos le han merecido honrosas distinciones de los gobiernos europeos y en esas regiones ha prestado más servicios a la humanidad que muchos de los buques de guerra europeos que cruzan tan tempestuosos parajes.

El mismo Moreno recordará tiempo después de qué manera el *Espora* y el *Luisito*, bajo la capitanía de Piedra Buena:

> ...han llevado los colores patrios hasta las regiones polares y han sido saludados por cientos de náufragos que veían en ellos su salvación... Muchas veces ha perdido Piedra Buena el producto de una abundante pesca por socorrer a sus semejantes. Más de una vez se lo ha llamado en nombre de la reina Victoria y del emperador Guillermo, a la humilde choza de la isla de los Estados en busca de socorro para desgraciados, perdidos en las rocas de la Tierra del Fuego, y la tripulación de la lancha de nuestro compatriota ha recogido, a costa de grandes penalidades, las de hermosas fragatas inglesas y alemanas.
>
> La sencillez con que nuestro heroico capitán nos contaba estas tragedias del mar austral, que parecen leyendas, y esas hazañas más meritorias que las guerreras, llevadas a cabo con gauchos e indios, sin otro interés que el de cumplir con su deber.

Agradecido, Moreno expresará: "...a cada momento, me suministraba curiosos datos sobre las tierras australes que él había reunido en su vida azarosa de marino". Entre otras cosas, Piedra Buena ha convertido al Cabo de Hornos, aislado y batido todo el tiempo por violentas tempestades, "en una noble morada de la caridad".

Dumont D'Urville, refiriéndose a los mares australes, destacó que en ese confín el hombre experimenta
más vivamente

[la] convicción de su impotencia, en un mundo
inerte, lúgubre y silencioso, donde todo amenaza
el anonadamiento de sus facultades; allí donde si
tuviera la desgracia de quedar abandonado a sí
mismo, ningún recurso, ningún rayo de esperanza
podría suavizar sus últimos momentos.

Moreno, recordando el texto de D'Urville exalta el
servicio humanitario prestado por Piedra Buena y su noble disposición para brindar una "morada" solidaria.

Las sencillas narraciones sobre tantas dramáticas
peripecias vividas por Piedra Buena en ese ámbito de
estremecedora soledad y desamparo, impresionaron
mucho a Moreno, y las escuchaba muy conmovido.

Para remontar el río Santa Cruz los expedicionarios
disponen de un bote ballenero grande y pesado (8,76 m
de eslora por 1,65 m de manga); irán acompañados por
los marineros Francisco y Pedro Gómez y el grumete
Abelardo Tiola. Sin duda, Moreno es consciente de las
dificultades que debe superar en un intento que no han
podido concluir con éxito Fitz Roy y Darwin, pero al mismo tiempo reconoce que es "la región que tanto ambiciono conocer a fondo". Además, expresa:

La responsabilidad de llevar a cabo una empresa
quizá superior a mis fuerzas, con pocos elementos

60

Fitz Roy intentó remontar el curso del río Santa Cruz, pero dispuso el regreso estando cerca del objetivo, cuando la expedición había llegado al límite de sus fuerzas.

y que según las personas prácticas de a bordo, estaban lejos de ser suficientes, contribuía también a ello.

Por otra parte, sus acompañantes no dejan de preocuparlo: el correntino Francisco Gómez, que nunca ha navegado en el mar, está postrado por el mareo, aunque promete que en tierra cumplirá con su deber. El grumete Tiola, ajeno a todo, está concentrado en cazar palomas y pájaros con "un alfiler torcido en forma de anzuelo" y el brasileño Pedro Gómez, al que llaman Patricio, un "negro nacido en los trópicos, perezoso por naturaleza —según Moreno— daba muy pocas esperanzas de prestar los servicios que de él se esperaba". Esos dos hombres deberán tripular un bote de ocho remos (Moreno había pedido uno de cuatro) y de cómo se conduzcan ellos dependerá la suerte del intento.

Sólo tranquiliza a Moreno el práctico del Río de la Plata, Francisco B. Estrella, quien viaja en función de contramaestre por el solo hecho de hacerlo junto a Piedra Buena, a quien admira, al igual que todos los marinos, por sus actos de arrojo en temerarias incursiones de salvataje, por su pericia como piloto victorioso en situaciones en que el naufragio parece inevitable, y por su excepcional habilidad para resolver problemas técnicos de la náutica en las peores condiciones climáticas.

Estrella anhela conocer tierras nuevas y ve una buena ocasión en la expedición de Moreno. Cuando éste le presenta las dificultades e imprevistos que deberán afrontar, Estrella parece entusiasmarse más aún, para satisfacción de Moreno, que anota en su diario: "... aumentó mi tripulación con un hombre enérgico acostumbrado al mar y a la pampa, que había recorrido como soldado".

En la isla Pavón, último asentamiento argentino en el extremo sur, donde se ha establecido Luis Piedra Buena, se suman a la tripulación un viejo conocido de Moreno, el santiagueño Isidoro Bustamante y el subteniente Carlos Moyano, asignado por el gobierno para que ayude a Moreno en la expedición. Su trayectoria futura lo convertirá en una personalidad descollante, continuadora en méritos a la acción exploradora de Moreno en el territorio patagónico.

Los recibe Pedro Dufour, cuñado de Piedra Buena, a cargo del establecimiento de ramos generales, rodeado de una pequeña chacra, según Moreno, semejante a

Francisco P. Moreno
en su madurez.

las de las inmediaciones de Buenos Aires, donde si bien "falta la inmensa pampa, domina la triste meseta".

Luego de recorrer las salinas cercanas y la isla de León, y efectuar relevamientos, disponen la partida. Moreno supervisa los preparativos de la expedición y la reserva de provisiones. Deben llevar la mayor cantidad posible en el menor espacio posible y todo almacenado con la máxima seguridad porque su pérdida provocaría, indefectiblemente, la ruina de la expedición.

Acondicionan el velamen y alistan la caballada: cuatro de los caballos para utilizar en la sirga fueron alquilados en Shehuen Aiken, los dominios del cacique

Conchingan. Como éste se halJaba enfermo, su mujer, la china María, fue la encargada de atender a los huincas. Las negociaciones fueron arduas y prolongadas; en esa oportunidad, Moreno ratifica: "... el indio jamás está contento con lo que se le da, considerándolo todo insuficiente". Además, los caballos distaban de ser buenos pero Moreno no quiso insistir en obtener mejores animales pues temía que "los volubles tehuelches cambien de opinión. Un caballo era manco, otro cojo y tuerto y el tercero estaba lastimado en el lomo". En realidad, Moreno sabe que los indios se quedan intrigados y recelosos acerca del destino que le darán a los animales, ya que es imposible hacerles comprender que los utilizarán para remolcar el bote y no para montarlos.

Toldo en Sheuen Aiken,
donde acampaban la China María y el cacique Conchingan.

Finalmente, después de un animado y abundante almuerzo, los moradores de la isla y los expedicionarios cambian efusivos y estentóreos saludos, las banderas argentinas izadas flamean en el bote y en la casa de Piedra Buena, y entre salvas de revólveres, el 15 de enero de 1877 zarpa la ballenera hacia la naciente del río Santa Cruz.

Rumbo a la cordillera austral

Francisco P. Moreno percibe la solemnidad del momento y se pregunta:

¿Llevaré a cabo mi proyecto? ¿Tendré suficientes fuerzas para ello? Son las cuestiones que se agitan en mi espíritu sin que pueda resolverlas.

No ignora, por supuesto, que las nacientes del Santa Cruz son una difícil cuestión por resolver en forma definitiva. No obstante, se impone el optimismo:

Ninguno de los que lo emprendemos [el viaje] duda... todos llevamos voluntad decidida para hacer el esfuerzo necesario para conseguirlo y la casi seguridad de navegar en el lago nos sonríe.

En cuanto al bote que acaba de alejarse de Pavón ("quizá para no volver") transporta una tripulación insuficiente para maniobrarlo; es decir, necesitarían una embarcación más liviana y pequeña, o una dotación mayor.

Carlos María Moyano
continuó en méritos
a Moreno como
explorador y activo
promotor del
asentamiento de
colonos.

Solamente van dos remeros, Francisco y Pedro Gómez, cuando deberían ser ocho.

Lo contrario ocurrió en la tentativa de Fitz Roy y Charles Darwin, donde se utilizaron tres botes muy livianos y pequeños para una tripulación de dieciocho marineros y un cuerpo de oficiales, sólo que los obstáculos que se les presentaron fueron tantos que se vieron obligados a regresar. Moreno resaltará que a ese primer recorrido remontando el río Santa Cruz le cupo la gloria de haber señalado el camino a otros.

Al iniciarse la travesía. Estrella va en el timón y Moyano registra con la aguja de marcar las ondulaciones del río, y las compara con la carta de Fitz Roy. Mientras, Moreno va a pie, por tierra y por agua, dirigiendo la sirga y recogiendo objetos para las colecciones.

La inexperiencia los enfrenta ante algunas dificultades, y como dice Moreno: "El caballo y el caballero, ambos pocos prácticos en la sirga, trastornan a cada momento la marcha".

Instalado el primer campamento, Moreno efectúa una recorrida y anota:

> Faltan en estas regiones los accidentes del terreno que halagan tanto la vista y que ofrecen al viajero tanto motivo de estudio y de ilimitada variación en sus ideas; todo es igual, la monotonía, opresora, enerva y desespera.

El rumbo y la orientación concuerdan con los de la expedición de Fitz Roy y, salvo algunos pequeños detalles, estiman la notable precisión con que fueron dibujados. Hay tramos de la marcha que presentan fuertes obstáculos, como los matorrales espinosos por la orilla norte, en tanto que en la opuesta los cerros caen a pico

Temporal en el Lago Argentino,
donde el bote ballenero estuvo a punto de zozobrar.

en el agua. Sin embargo, "nadie se fija en las espinas que nos traspasan las piernas; el rápido y el bote son el centro de nuestras miradas".

Cuando están por superarlo, la cuerda se corta, la embarcación se tuerce velozmente y retrocede cerca de un kilómetro y medio. Deben repetir el mismo esfuerzo pero esta vez aligeran el bote, descargan parte de las provisiones y con la pala cavan un pequeño canal. Logran avanzar y varias horas después se enfrentan con una barranca de unos treinta metros, a pique y muy arbustosa. La cruzan con sumo cuidado por el peligro que entraña y cuando lo logran, celebran con gritos de satisfacción. Es el punto que Fitz Roy llamó Swim Bluff, un tristísimo paraje.

La jornada agobiante extenúa a los hombres y pasan una mala noche. Moreno anota: "¡Qué mal día se presenta hoy!" Sus hombres tenían las manos quemadas por la soga, y las piernas y los pies ulcerados por las piedras y las espinas. El ánimo de Moreno se muestra ambivalente. Cuando superan algún gran escollo recupera la confianza, pero cuando surgen obstáculos que demandan esfuerzos supremos lo ensombrece el pesimismo y "el padecimiento moral". Siente que no puede exigirle tanto sacrificio a quienes se esfuerzan silenciosos: "no murmuran, aunque hay razón para ello". Además, en ciertas ocasiones, como cuando superan una muralla perpendicular cubierta de médanos, donde apenas pueden hacer pie para sirgar el bote, o cuando cruzan terribles remolinos en los que dan por perdido el bote, Moreno cree que, a pesar de la voluntad férrea, la expedición no concluirá con éxito.

Sin embargo, los hombres no se quejan; por el contrario, esperan la decisión del jefe, quien luego de cada mal trance sorteado, se sobrepone y repite: "...la razón vuelve y no me doblego a pesar de que las dificultades van sucediéndose progresivamente".

Tiempo después comienzan a divisar humo y sospechan que son indios acampando. Pero cuando llegan al lugar, con las armas listas por precaución, sólo encuentran restos del fogón y muchas huellas impresas en el suelo barroso de la orilla del río. Moreno señala en el mapa a ese paraje como Paso Indio, y anota:

> Cruzar un río que corre a razón de 6 ó 7 millas por hora y de cerca de doscientas yardas de ancho, puede no ser una tarea fácil para mujeres y niños. Pero como vimos en el barro muchas impresiones de pies muy pequeños, las mujeres y los niños deben haber cruzado en ese punto con los hombres. ¿Cómo pudieron efectuarlo? No hay allí madera ni juncos con los que pudieron hacer balsas. Probablemente algunas de las mujeres y los niños fueron puestos en botes toscos de cuero llevados a remolque por los caballos cuyas colas servían para asirse los hombres y quizá muchas de las mujeres. Este medio de cruzar los ríos no está exento de peligros y es frecuente el caso en que se ahogan uno o más indígenas.

El mismo interrogante se había planteado Fitz Roy cuando halló huellas similares en la orilla del río; además, en algunos tramos de su marcha se sentía observado por los nativos a quienes trató vanamente de divisar o sorprender en alguna ocasión.

Existe otro testimonio, el del paraguayo Hilario Tapary, encargado de un depósito de sal en San Julián, quien en 1771 se propuso llegar a pie a Buenos Aires, huyendo de un grupo de indios que ocupó el galpón a su cuidado. Durante la marcha alcanzó a ver cómo una caravana de tehuelches intentaba cruzar un río y relató que las mujeres y los niños iban encimados dentro de pelotas de cuero amarradas con guascas o cuerdas a las colas de los caballos adiestrados especialmente para esas circunstancias. Los hombres que carecían de animales llevaban a nado las pelotas de cuero sujetas por un tiento que apretaban entre los dientes.

En un momento de descanso, Moreno observa a sus hombres: permanecen en silencio; tienen las manos ampolladas; las ropas convertidas en harapos, destrozadas por los roces con ramas y espinas; los zapatos agujereados. Percibe un clima de disgusto y desazón.

Reposan luego de una pesada tarea con la sirga en un pasaje que Fitz Roy y Darwin señalaron como muy riesgoso, porque el bote se ve forzado a rozar continuamente los peñascos basálticos y las aguas forman remolinos que escoran la embarcación, corriendo el peligro de zozobrar. Moreno corrige una errónea apreciación de Fitz Roy quien confundió una quebrada, que en algunos pasajes se convierte en pequeño arroyo, con el río Chalía.

No obstante las dificultades, la fatiga y el desaliento ante tantos contrastes, Moreno no deja de recoger materiales para sus colecciones: restos de antiguos indígenas, puntas de flechas, cuchillos de piedra, fósiles y otros objetos. Un día, al descender de una colina, tiene un inesperado encuentro con una nutrida tropilla de guanacos; éstos se detienen y el líder corcovea, relincha, se adelanta y patea el suelo; Moreno baja del caballo y los animales se le acercan lentamente; les silba algunas melodías y al parecer "prefieren Aída". Luego se alejan y él los deja ir: "No debemos hacer aún más grande y triste el desierto destruyendo o alejando a sus escasos habitantes".

Moreno realiza una prolongada exploración, soporta un calor sofocante, y exhausto se echa a descansar sobre un médano, y se queda dormido. "Quizá lo hubiera sido para siempre si no me hubiera despertado tres horas después Abelardo." El grumete, alarmado porque en ese paraje merodean pumas, sale a buscarlo a caballo y halla a Moreno bajo los efectos de una insolación, con la cara muy congestionada y sin poder hablar. Abelardo echa de inmediato sobre la cabeza de su jefe abundante agua hasta que éste reacciona y puede incorporarse.

Mientras regresan al campamento, Moreno admite que jamás hubiera imaginado el cúmulo de adversidades que oponía el río, con incalculables meandros que hacen la marcha incierta y morosa. La única ventaja con la que cuenta es el tiempo disponible para investigar, a causa de la lentitud de la expedición; el mayor contratiempo, en cambio, es el permanente cansancio.

Los fenómenos meteorológicos parecen oponerse a nuestro progreso hacia lo desconocido, y el viento, la lluvia, o el calor insoportable, nos incomodan cuando encontramos que el torrente no nos muestra seria oposición. No podemos pasar una hora sin que algunos de esos elementos ponga a prueba nuestra paciencia humana.

El 3 de febrero sopla un viento fortísimo y se descarga una lluvia que sorprende a los hombres durmiendo, y los moja completamente, no obstante las "cuevas" que improvisaron individualmente con troncos y ramas de arbustos, para cubrirse. Al despertar, cada uno se encuentra convertido en una isla, rodeados completamente por el agua y el barro. Deciden esperar a que mejore el tiempo. No tienen posibilidades de moverse porque si tratan de cruzar a la orilla opuesta seguramente retrocederán al paradero de donde salieron el día anterior. Moyano y Bustamante salen de cacería y regresan con un chulengo y un avestruz, a los que se suma un pato gordo de carne agradable, piezas que según Moreno "se convierten en pródigo banquete con el que mi expedición festeja el aniversario de la caída del Tirano Rosas". La escena, dominada por negros cerros cubiertos por el humo que se elevaba de las llamas luego que prendiera fuego a la maleza para alejar a las fieras. Y añade:

El luto pétreo que cubre la meseta y que domina la garganta que he recorrido, me hace pensar en el luto de la patria, impresionado por el recuerdo de la historia, en aquellos aciagos años [la dictadura de Rosas] que precedieron al día que hoy festejamos. Hoy he visto un gran puma que destrozaba los sangrientos despojos de un indefenso guanaco. [esa imagen] impone y fortifica más el recuerdo triste

evocado para perpetuar el aniversario de la caída
de Rosas, hombre, pero puma de instintos, doy a
este paraje el nombre de Cerro 3 de Febrero.

Moreno sigue explorando la zona y halla rastros del
pasado del hombre salvaje; estima que esos parajes han
debido ser muy frecuentados en épocas muy lejanas.
Colecciona cuchillos y rascadores de piedra y descubre
un sepulcro indígena.

Observa con placer el paso cercano de una tropilla
de guanacos:

El guanaco es el más bello adorno animal de las
mesetas... Es el más elegante, el más curioso y el
más útil de los mamíferos patagónicos.

Prosiguen la marcha y sorpresivamente los atacan
densos enjambres de mosquitos que, además de irritar-
les la piel, les producen fiebre. Reanudan la sirga y deben superar un remolino, pero las tentativas son fallidas;
avanzan hasta el remolino y la fuerte correntada les
arranca las cuerdas de las manos haciendo girar el bote,
alejándolos aguas abajo, y los expone al peligro de zozobrar al chocar contra las piedras.

Tres ataques rudos y enérgicos para superar el obstáculo fracasan. La anchura del río es muy grande en ese
tramo por la magnitud de la inundación y les impide ir por
la orilla a causa de la gran cantidad de arbustos, sobre los
cuales la corriente forma rápidos prácticamente invenci-
bles. Se lanzan todos al agua y arrastran el bote

...unas veces tendiéndonos, otras enredándonos en las matas sumergidas avanzamos hasta que por ese intrincado archipiélago de islas, piedras y arbustos sueltos podemos llegar, con grandes precauciones, al cauce del río. Haciendo esfuerzos para no dejarnos arrastrar demasiado por la corriente.

Por fin, logran arribar a la orilla norte donde Isidoro los espera con la caballada; salvar el escollo les demandó más de cinco horas. Ahora, un furioso viento andino les impide avanzar y Moreno, en el lapso que aguardan para continuar la marcha, evidencia fuertes malestares luego de su brutal esfuerzo en el agua. Lo aquejan dolores reumáticos y los efectos de la congestión de cuando se quedó dormido bajo el tórrido sol, fuertes dolores de espalda y de cabeza le impiden moverse. Le aplican paños calientes e ingiere una dosis de sulfato de quinina para calmar la fiebre; de todos modos, insiste en incorporarse y retomar la sirga. Después, anota:

Tenemos ya los cuerpos completamente destrozados, varias veces el decaimiento moral de alguno de nosotros expone a la expedición a volver sobre sus pasos.

Por la tarde, Moreno interrumpe su descanso para recorrer las alturas de tres cerros y observar los picos de la cordillera. La vista de los Andes estimula a todos porque avizoran el destino. No obstante, se mantienen alertas a causa de los pumas, que no dejan de merodear y cada vez parecen más.

En un tramo pantanoso donde los caballos no pueden ser utilizados deben sirgar los hombres. Algunos se alarman porque descubren rastros que suponen de pumas, pero Moreno los tranquiliza explicándoles que son pisadas de avestruces. En su diario, escribe: "A no ser por la espléndida vista de la cordillera, el paisaje no podía ser más desconsolador".

Arriban al punto que Fitz Roy señala como "Segundo paso de los indios", y observan que los picos de la cordillera están más definidos. Se orientan con la aguja tomando como punto de observación el "Castle Hill" de Fitz Roy, cerro Fitz Roy o Chaltén. La tarde es magnífica y les compensa la dura y deprimente jornada.

El glaciar Upsala
desemboca en el Lago Argentino.

Moreno les anticipa a los hombres que están a punto de atravesar la zona más interesante del viaje, en la región desconocida que Fitz Roy llamó "Llanura del Misterio", nombre sugestivo que legó un enigma seductor a los sucesivos exploradores.

La corriente del río en ese punto es muy veloz, con rápidos riesgosos, lo que obliga a los hombres a grandes esfuerzos para sobreponerse a los obstáculos que dificultan el desplazamiento del bote.

Instalan un campamento en un pequeño valle fértil y mientras los hombres descansan, Moreno efectúa observaciones termométricas para evaluar, por medio del grado de ebullición del agua, la altura del terreno sobre el nivel del mar. Mediante una serie de comprobaciones corrige a Darwin, quien supuso al río Santa Cruz "corriendo por el cauce de un antiguo estrecho que uniera los dos mares: Atlántico y Pacífico", similar al Estrecho de Magallanes.

Levantan campamento y continúan la marcha hasta que perciben

un olor de agua y un ruido cercano halagador en extremo y que revela olas que baten contra rocas... nada puede expresar mi entusiasmo.

LA SALVAJE GRANDEZA DEL LAGO

El 14 de febrero de 1877 la expedición arriba al lago. Las miradas de Moreno y de sus hombres se pierden en el vasto paisaje:

Es un espectáculo impagable y comprendo que no
merece siquiera mención lo que hemos trabajado
para presenciarlo: todo lo olvido ante él.

Ésta es una reacción típica de Francisco P.
Moreno, que se repetirá siempre: por más esfuerzos, sacrificios y
martirios físicos demandados en el intento, incluso aun
cuando su vida haya estado en peligro, una vez cumplido su propósito, olvida todas las penurias y proclama
que ninguna vale la pena de ser tenida en cuenta ante
el objetivo alcanzado.

El encantamiento es general y se propaga en el momento en que el bote flota sobre

las aguas de este mar interior, dulce, claro y profundo, alimentado por los derrites de los grandes
ventisqueros... Todos estamos impresionados; todo ejerce sobre nosotros una sensación inexplicable de bienestar y gozamos de este espectáculo
que por más previsto que nos haya sido, lo encontramos nuevo pues ninguno de nosotros imaginó
la salvaje grandeza del lago, digno de la salvaje
avidez del desierto que hemos cruzado.

Al día siguiente en una memorable oración, Francisco Pascacio Moreno da nombre al lago:

Lago Argentino: que mi bautismo te sea propicio;
que no olvides quién te lo dio, y que el día en que
el hombre reemplace al puma y al guanaco, nuestros actuales vecinos, cuando en tus orillas se conviertan en cimientos de ciudades los trozos erráticos que tus antiguos hielos abandonaron en ellas;

cuando las velas de los barcos se reflejen en tus
aguas, como hoy lo hacen los gigantes témpanos y
dentro de un rato la vela de mi bote; cuando el sil-
bido del vapor reemplace al grito del cóndor, que
hoy nos cree fácil presa; le recuerdes los humildes
soldados que le precedieron para revelarte a él, y
que en este momento pronuncian el nombre de la
patria, bautizándote con tus propias aguas.

El viaje ha durado un mes. En la entrada del lago encuentran un remo que conserva jirones de la bandera argentina que en 1873 dejó flameando en un médano el
marino Valentín Feilberg, en el punto más lejano que alcanzó su exploración. Atada al remo está la botella que
contiene el documento probatorio de la primera expedición nacional que arribó al lago. De este modo, la punta que forma la entrada es bautizada por Moreno con el
nombre de *Feilberg*.

Los hombres, apunta Moreno, "pasamos la tarde en
festín, regado no por el vino sino por el agua del lago".
Comen piche (variedad de peludo), avestruz, guanaco,
fariña frita y como postre, dulce de leche, un buen jarro
de café y dos galletas cada uno. Culminan la celebración
brindando "con una ración de cognac cada hombre".

Poco después, intentan repetidas veces cruzar el lago pero se los impide el oleaje levantado por el fuerte
viento y el bote que, excesivamente pesado y muy an-
gosto de manga, resulta inapropiado para navegar en
esas condiciones. Finalmente, el tiempo los favorece y
pueden atravesar el lago, siendo los primeros hombres
en navegarlo. Se desplazaron por el Canal de los Tém-

panos y Moreno estudió la orografía de los brazos meridionales, llegando al Brazo Rico donde le dio nombre al lago y también a los cerros Buenos Aires y Frías, al Cerro de Mayo y a la Península Avellaneda.

He satisfecho una de mis más grandes aspiraciones, es decir, navegar el lago y pisar tierra virgen de planta humana; ni salvajes ni civilizados han impreso sus plantas en la fina arena de esta playa, pues no creo que los antiguos patagones fueran navegantes.

Las desventuras y los esfuerzos padecidos obtuvieron merecida recompensa. Moreno se permite ahora unos momentos para disfrutar de la contemplación y el descanso antes de continuar con su trabajo.

Hacia el pasado remoto

En sus investigaciones, Moreno halla muchos vestigios de un remoto pasado del hombre y por las inscripciones descubiertas infiere que pudo haber un pueblo más adelantado que los tehuelches. Las excavaciones con pico y pala en el fondo de una cueva, ayudado por el marinero Pedro Gómez, desentierran una momia bien conservada, ante cuya aparición Gómez huye despavorido. Moreno observa el hallazgo "bastante bien conservado, que fue inhumado envuelto en cueros de avestruz y cubierto luego con pasto y tierra"; junto al cuerpo había dos cuchillos y una pun-

La momia hallada por Moreno estaba bien conservada y pudo ser trasladada al Museo de La Plata. Pertenecería a un tehuelche antiguo de elevada estatura.

ta de flecha de piedra. La momia (que se conserva hoy en el Museo de La Plata) pertenecería a un tehuelche de muy elevada estatura.

La forma de su cráneo es suficiente para demostrarlo. Aunque deformado artificialmente tiene mucha más semejanza con él los antiguos patagones, que los actuales. Aún no lo he estudiado pero cuando lo haya efectuado me parece que encontraré analogía con la raza que he nombrado Caríbica antigua; a ésta pertenecen probablemente los cráneos macrocéfalos deformados, que se encuentran desde Estados Unidos hasta este punto, lo mismo que los que se han extraído de las nécropolis de Bolivia y que han sido atribuidos, por falta de estudio, a los constructores de las obras monolíticas de Tiahuanaco y bautizados con el nombre de Aymaráes.

Registran la topografía de cada área mediante largas cabalgatas, buscando puntos elevados para lograr una mayor visión geográfica; la tarea fundamental ahora es la de situar los lagos de la Patagonia austral.

En el largo itinerario visitan la toldería del cacique Collohue, un gigante que recibe con beneplácito una botella de aguardiente de regalo, al igual que las mujeres, mantas de colores. En cambio, el jefe se mantiene inamovible cuando negocian la provisión de caballos a los expedicionarios; sólo después de muchos ruegos y promesas Moreno consigue solamente uno. En la toldería están de visita María y su marido, el cacique Conchingan junto a quienes Moreno disfruta un "excelente asado de bagual". Pero no abandona su empeño de conseguir caballos: Por precaución, lleva consigo el resto del alcohol destinado a las colecciones, una damajuana con dos litros a los cuales les agrega dos litros de agua y cuando le piden más, se planta: "¡No doy, ahora vendo!", les dice.

Conchingan no bebe, pero los demás indios se entusiasman y me estrujan, recibo seis o siete puñetazos de amistad; Collohue casi me ahoga abrazándome y llamándome su padre mientras los pelados [perros], quizá de alegría, al ver contentos a sus dueños me muerden las pantorrillas. Acepto todo, pues he alquilado dos caballos y un petiso, tengo carne para un día más y llevo cinco quillangos para la gente.

Collohue quiere más licor y Moreno sólo se lo promete a cambio de otro caballo. Transigen, y por un potrillo Moreno le da cuatro litros de agua y la damajuana.

El idioma de los tehuelches es otro asunto digno de su atención. Durante su permanencia en la toldería anota voces del vocabulario indígena con el objeto de ampliar el diccionario tehuelche, ahonekenke o tsoneca que estaba pergeñando. Como es una lengua hablada y no escrita, está sujeta a variaciones ilimitadas:

Curiosa costumbre tienen los patagones de cambiar nombres a las cosas cuando muere un indio que haya usado el de una de ellas como nombre propio.

Entre estos indios los nombres de las cosas mueren cuando mueren quien las ha usado; traen desgracia y deben ser olvidados. Muchas veces Moreno nombró a Fitz Roy o a Musters y le contestaban: "Así se decía antes".

Moreno también se dedica a tomar medidas antropométricas para analizar las características etnográficas de esa tribu.

Sin embargo, poco después los indios, de acuerdo con los hábitos de su vida nómade, mudan de campamento: han agotado la caza de los alrededores y se dirigen a un paraje distante donde los cazadores avistaron caballos salvajes. Así, Moreno se despide de sus "buenos amigos" y se dirige hacia el norte, llevando consigo a Chesko, también llamado Juan Caballero, para que lo guíe hacia los otros lagos.

Durante la marcha, Chesko utiliza la verbenácea, planta muy oscura que sirve a los indios como pila eléctrica para comunicarse, y de inmediato se elevan densas columnas de humo que son respondidas desde lejanos cerros del sur por los indios boleadores de baguales. Moreno escribirá:

Es un consuelo para el viajero que siente domina-
do su ánimo por la soledad y el triste aspecto del
paisaje al atravesar las mesetas patagónicas, ver el
horizonte empañado por el humo que denuncia la
presencia de hombres: el país está habitado, hay
seres humanos... no se siente solo, aunque haya
una enorme distancia entre quienes lo han encen-
dido y quien los divisa.

Recorrida una larga distancia desde el lago Argentino y luego de galopar bastante tiempo, Moreno divisa
desde una colina, "un gran lago y en el fondo elevadas
montañas agrestes". Acampan en su orilla. Registra que,
a la vista, el lago mide aproximadamente doce millas en
su mayor diámetro Norte-Sur, por diez de ancho, sus
aguas son tan claras como las del Argentino.

La civilización no lo conoce aún, y necesario es
buscarle un nombre que le sirva de égida de progreso... Llamémosle Lago San Martín, pues sus
aguas bañan la maciza base de los Andes único pe-
destal digno de soportar la figura heroica del gran
guerrero.

Momentáneamente, se encuentran impedidos de
desplazarse porque los caballos están en un estado de-
plorable y si los apuran, caerán extenuados; los caminos
pedregosos destrozaron sus cascos y están todos man-
cos o cojos. Además las provisiones escasean, lo que impide a Moreno internarse para estudiar la estructura
geognóstica de los alrededores. Sin embargo, anota:

A pesar de sufrir tanta necesidad es cosa bien agradable para mí, poder distraerme y contemplar este majestuoso escenario. No hay nada que impresione más al viajero que las grandes soledades; la naturaleza severa de estos sitios se graba en mi imaginación y podré contar estos instantes entre los más agradables de mi existencia.

· Limitado en sus investigaciones topográficas y sin posibilidades de investigar más detalladamente la región, siguen hacia el lago Viedma (que lleva el nombre de Antonio Viedma, su descubridor en 1786), en la esperanza de poder volver con más elementos y la necesaria movilidad. Los caballos están en un estado tal que no pueden utilizarlos para cazar avestruces. Llevan dos días de casi absoluto ayuno y de marcha por

estos parajes donde el aire fresco andino despierta el apetito; por mi parte, sólo he comido el hielo del témpano. Me es desagradable en extremo negar esta tarde alimento al señor Moyano, mi buen compañero que hace su primera campaña al interior y me dice sentirse mal, pero es imposible socorrerlo porque en igual caso nos encontramos todos. Para darle algo a él debería hacer lo mismo con Estrella y Chesko y entonces la fariña concluiría. No sabemos a qué distancia estamos del lago Viedma ni qué tropiezos podemos encontrar en el camino... Pasamos una noche bien triste; la necesidad nos hace desconfiados.

Al día siguiente, después de una agotadora caminata llegan a la cumbre de una meseta basáltica junto al lago Viedma, castigados por un clima tempestuoso. Pero este gran lago, envuelto por completo en la bruma, ofrece un espectáculo en extremo desolador para el grupo, ya de por sí sumido en la melancolía. Sólo "esporádicamente, entre las densas nubes, aparecía una cresta oscura o una cumbre nevada que anunciaba la cordillera".

Descienden de la elevación basáltica por un sendero escarpado, lamentando la falta de provisiones para compensar el esfuerzo, cuando en una quebrada honda encuentran un pequeño avestruz que algún zorro o gato montés dejó inválido; cojea y salta en una sola pata, tratando en vano de alejarse. No tarda en convertirse en un asado que los hombres devoran con avidez.

Saciado el hambre, Moreno se dispone a efectuar un relevamiento, pero desiste ante el lastimoso estado de los caballos. Ese impedimento para explorar y estudiar la región, sumado al mal tiempo, lo lleva al error de suponer que el cerro Fitz Roy es un volcán (la voz indígena es *chaltén*). Los tehuelches le han referido con terror supersticioso que existe una "montaña humeante". Así, apunta Moreno: "Es el Chaltén la montaña más elevada que se ve en esas inmediaciones y creo que su cono activo es uno de los más atrevidos del globo".

En realidad, lo que ocurre es que casi siempre la cumbre está cubierta por nubes que semejan, a lo lejos, el humo vaporoso de un volcán activo. Como fuere, el 2 de marzo de 1877 Moreno procede a su bautismo:

> Como este volcán activo no ha sido nombrado por los navegantes ni viajeros, y como el nombre de Chaltén que le dan los indios lo aplican también a otras montañas, me permito llamarlo volcán Fitz

Roy, como una muestra de la gratitud que los argentinos debemos a la memoria del sabio y enérgico almirante inglés que dio a conocer a la ciencia geográfica las costas de la América austral.

El propósito de Moreno es rodear el lago Viedma pero los caballos no pueden andar más; entonces, al paso, emprende el regreso. Acampa en la punta Este del lago Viedma, junto a la naciente del río que une a ese lago con el Argentino. Baja hacia el río para dejar una botella con el testimonio de su visita, cuando un puma irrumpe de un matorral, lo derriba violentamente, le roza la cara con la uñas y las clava en su espalda, mientras intenta morderle el cuello. Moreno, sin armas, se incorpora, enrolla el poncho en su brazo y, a manera de boleadora, agita en el aire la brújula que lleva consigo, pero el puma, en sucesivos ataques le destroza el poncho y la ropa, y le desgarra el pecho y las piernas. El animal, sin duda, "ha creído tener por víctima un guanaco y no un hombre; el color de mi ropa y el poncho han contribuido a engañarlo", dirá Moreno.

La cara y la espalda le sangran, pero logra llegar al campamento. El puma lo sigue sigilosamente; se oculta en un matorral a la espera de alguna otra presa, pero allí es ultimado por uno de los hombres. Gómez, el negro brasileño, sugiere: "¡El señor Moreno ha sido atacado por un león! No hay tranquilidad posible en estas regiones; es necesario volver a la isla". (Se refería, por supuesto, a la isla Pavón.)

Carnean al flaco animal pero éste empieza a despedir un olor desagradable. Chesko les dice que no lo coman porque enfermarán. Finalmente, a causa de "este suceso que poco ha faltado para ser trágico", el río recibe el nombre *La Leona*.

Durante el regreso al lago Argentino, Moreno continúa con las mediciones y los detallados relevamientos orográficos, y bautiza varios picos, uno de ellos con el nombre de *Moyano*, en honor al eficiente y aguerrido colaborador.

No puede llegar al glaciar que lleva su nombre porque un precipicio interrumpe el acceso, aunque alcanza a oír el estruendo de los bloques de hielo que se desprenden del glaciar y contempla atónito los colosales témpanos que se desplazan por el lago. Planta allí una bandera argentina y regresa, dando el nombre al cerro Mayo, que le llama la atención por su forma aguda, atrevida, que se eleva con radiante blancura.

El 16 de marzo, a mediodía, abandonan los lagos Argentino, Viedma y San Martín. El viaje de ida por el río Santa Cruz les demandó veintinueve fatigosos días; el regreso a la isla Pavón, solamente dos, merced a la fuerte correntada, a lo largo de aproximadamente trescientos cincuenta kilómetros. Moreno se atreve a anticipar:

> Los habitantes de la bahía Santa Cruz no verán entonces descender como ahora un bote como el mío, sino grandes embarcaciones que traigan al Atlántico las riquezas del corazón de la Patagonia y de los Andes. Donde hoy no hay más que soledad y desamparo, hemos de ver colonias florecientes y la hoy poco visitada bahía de Santa Cruz ha de ser el punto más frecuentado de los mares del sur.

A los 25 años de edad, consagrado científico y explorador, Francisco P. Moreno regresa a Buenos Aires luego de su temeraria expedición a la Patagonia austral que le demandó seis arduos meses y obtiene el reconocimiento de Sarmiento, Mitre y Burmeister. Con satisfacción, puede expresar:

Hemos cumplido lo prometido y las nacientes del Santa Cruz han sido por fin develadas y los lagos Argentino, San Martín y Viedma nos han albergado en sus costas o en sus aguas.

Comisión exploradora del sur

Pocos meses después de su regreso de la cordillera austral, Moreno es nombrado director del Museo Antropológico y Arqueológico de Buenos Aires, al cual dona sus colecciones particulares.

En 1879 debe solicitar una licencia para hacerse cargo de otra misión: mediante un decreto suscripto por el presidente Nicolás Avellaneda y el ministro del interior Domingo F. Sarmiento, es designado Jefe de la Comisión Exploradora de los Territorios del Sur. Como única retribución solicita

> el derecho de incorporar al Museo los objetos que coleccione en la exploración, pertenecientes a los ramos científicos para cuya cultura se había fundado aquel establecimiento.

Por supuesto, le conceden el pedido y a la vez le agradecen el "patriótico desinterés con que se prestaba a desempeñar las difíciles tareas que aquella comisión le impondrá".

Los objetivos de la expedición son estudiar el estado de la colonia del Chubut, la región comprendida entre los ríos Negro, Deseado y Santa Cruz, situando lugares adecuados para el asentamiento de colonos; localizar yacimientos de nitrato, y evaluar las condiciones en que se hallaba la población al sur del río Negro hasta el cabo de Hornos.

Lamentablemente, Moreno ya está habituado a las trabas burocráticas; los funcionarios subalternos son su maldición. Apenas comienza a organizar la Comisión, le oponen todo tipo de obstrucciones. Los recursos asignados son ridículamente reducidos, esto lo induce a pensar que existen personas interesadas en que esa tarea "no fuese llevada a la práctica con las necesarias proyecciones".

Moreno solicita al gobierno un buque de la armada para el reconocimiento de las costas patagónicas. Las gestiones para lograr la adjudicación de la nave son en verdad desalentadoras, pero logra que se comisione a la cañonera *Paraná*, con la condición de que quede supeditada al comando de la nave y no de la Comisión expedicionaria. Moreno manifiesta su desacuerdo porque esa decisión convertiría a la misión en científico-militar y la condenaría al fracaso.

Su tenaz oposición logra, por fin, que se le asigne el aviso a vapor *Vigilante*, de unas cien toneladas de porte y cinco pies de calado sin quilla. Una embarcación fluvial que a su criterio y el de los técnicos es inadecuada para la importancia de la misión proyectada, ya que deben navegar en los tempestuosos mares australes y a través de los arrecifes del Cabo de Hornos.

Con referencia a estas dificultades, dirá:

La enorme ignorancia de quienes tenían en sus manos los elementos que pueda requerir una expedición de tanta trascendencia con respecto a las condiciones del mar, de las costas y del interior de las tierras que se hubiesen de explorar, obligaba a esa resolución.

Moreno comienza a sospechar de la mala fe y la hostilidad de algunos altos funcionarios del Ministerio del Interior, y a pesar de que un jefe de la Marina le advierte que no acepte el *Vigilante* porque sería su ataúd, no tiene más remedio que hacerlo para evitar el definitivo fracaso de la misión.

Entretanto, en mayo de 1879, seis meses antes de la partida de la Comisión, es publicado su libro *Viaje a la Patagonia Austral*, que logra atraer la atención sobre un territorio ignoto para la mayor parte de la gente. Aunque Moreno tiene fe en que la repercusión de la obra facilitará la concesión de sus demandas, sólo logra que a la proa del *Vigilante* se le adose un lomo de ballena de hierro, que permitirá atenuar el impacto del oleaje en los tormentosos mares del sur y proporcionará, además, algo más de espacio a la tripulación. Moreno se pregunta con sensatez:

¿Habrá algún marino que acepte como posible que el *Vigilante* pueda afrontar con éxito la navegación del Atlántico Sur y sobre todo, la de las costas al sur del Estrecho de Magallanes?

Finalmente, la nave zarpa en octubre de 1879 "con abundantes instrucciones, la mayoría de ellas imposibles

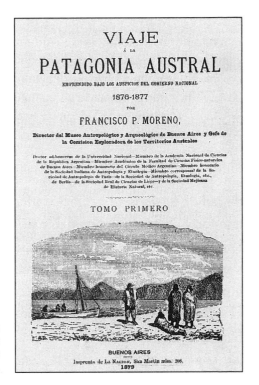

Portada de la primera edición del libro *Viaje a la Patagonia austral.*

de cumplir". Faltan elementos, carbón y alimentos para llegar a Tierra del Fuego y es indispensable probar al *Vigilante* en el mar costero antes de aventurarlo en los tormentosos mares australes donde se carece de puntos de socorro.

La primera estimación del tiempo que demandará la expedición arroja un cálculo de aproximadamente dos años; los objetivos del científico comprenden un estudio de todo el territorio patagónico y de sus costas.

Este viaje encuentra a Moreno más maduro y reflexivo, también polémico y crítico de una sociedad que, en su opinión, no evoluciona con el dinamismo necesario. No obstante, se mantiene inamovible su vocación de explorador y científico.

REFERENCIAS

Zarpó de Buenos Aires
el 20 de octubre de 1876

Salió de Viedma
el 11 de Noviembre de 1879

Buenos
Aires

Río Colorado

Choele
Choel

Guardia
Mitre

Carmen
de Patagones

San Antonio
Oeste

Viedma

Golfo San Matías

Lago Nahuel Huapi

El Maitén

Península
de Valdés

Esquel

Rawson

P. Ninfas

Teka

Gaimán

Bahía Engaño

Chubut

L. Grl. Vintter

L. Musters

L.La Plata

OCEANO ATLÁNTICO

Lago
Buenos Aires

Colhué
Huapi

Río Deseado

Golfo San Jorge

Lago Belgrano

Puerto Deseado

I. Pingüino

Lago

San Martín

Cmte. Río Chico

Bahía San Julián
Cabo San Francisco

Mte. Fitz Roy
o Chaltén

Pedrabuena

Viedma

Río Santa Cruz

I. Leones

Lago Argentino

Bhía
Grande

Punta
Arenas

Desde Punta Arenas
se trasladó a Montevideo
en el vapor inglés Galicia,
y llegó a Buenos Aires
el 8 de mayo de 1877.

Cuarto y quinto viajes.

INCOHERENCIA Y DESINTERÉS OFICIAL

En el texto que narra las alternativas del viaje, y sobre el que luego realizará algunas interpolaciones, apunta: "Motivo de asombro resulta para los viajeros pensantes la incoherencia de las resoluciones oficiales" en relación con la abulia para establecer núcleos productivos en diferentes puntos del territorio patagónico. Y contrasta:

> ¡Esto es lo que hay de saliente en aquellas tierras similares a las colosalmente productivas de California y otras del Oeste de Estados Unidos!

En los estudios relativos a la bahía San Antonio, Moreno logra que el gobierno mantenga en reserva la venta de las tierras inmediatas al puerto y que el Congreso trate la construcción del ferrocarril para unir el Atlántico con el Pacífico, entre San Antonio y Valdivia. Sin embargo, le preocupa que en la región intermedia entre Río Negro y Chubut no se hayan practicado estudios geográficos idóneos "pues los planos de la mensuras que han servido para malbaratar la tierra pública patagónica, son extraordinarios por sus deficiencias".

Entreviendo lo que "esos pretendidos dirigentes no quieren ver", discurre acerca de cuál es

> el medio de inyectar patriotismo práctico a los anémicos estadistas, generalmente apáticos con todo cuanto no tiende al provecho político inmediato.

En coincidencia con Sarmiento, uno de sus mentores, añade:

... la fuerza del arado que abre la tierra sedienta. Ésta era la única arma necesaria para conquistar el valle capaz de dar bienestar a millones de hombres, una vez estudiadas esas tierras, como lo proyectaba Sarmiento.

Además, destaca:

no existiendo ya el peligro del indio, la región no avanzaba. [...] Está aún por escribirse la verdadera historia, desprovista de pasión y cálculo que establezca lo que haya de cierto respecto de las luchas contra el titulado salvaje... en las que se realizaron matanzas inútiles de seres que creyéndose dueños de la tierra la defendían de la civilización invasora.

Y si bien muchas de las poblaciones y estancias fronterizas fueron asoladas por el salvaje, en cambio,

... de éstos fueron los ancianos, las mujeres y los niños que cayeron en los ataques por sorpresas a las tolderías realizadas por las tropas, en los degüellos, fusilamientos y atroces estaqueadas, víctimas de la soldadesca...

La filosofía indígena —explica Moreno—, que los reconoce como dueños de los campos frente a los usurpadores blancos, les impone la venganza, pero ésta no se realiza con tanto horror por parte de ellos como por parte nuestra. El indio es tradicionalista, recuerda en sus parlamentos los fusilamientos en masa de sus ascendientes, realizadas por las fuerzas del tirano Rosas, y tiene muy presentes las que se realizaron casi a diario durante la Campaña del Desierto en los últimos veinte años. Por último, se lamenta Moreno que la patria haya perdido así a miles de sus hijos, "útil elemento de trabajo cuando se los ha sabido dirigir".

A su paso por Conesa observa que se comete, por "centésima vez, el error de aglomerar en los centros nacientes donde la agricultura era más necesaria que la ganadería, a las indiadas que se sometían". En vez de hacer reservas se les deja asentar

a manera de tropas de gitanos, donde mejor les parecía, sin procurar en lo más mínimo convertirlos en hombres útiles para el trabajo de la tierra. Los vi allí, sentados al sol, las mujeres despiojaban a los hombres, los cuales fumaban con deleite... y como el gobierno les pasaba ración de carne, azúcar, yerba y otras dulzuras de la civilización, sin enseñarles nada, asegurada la subsistencia, esperaban su destino sin mayores preocupaciones.

Durante sus exploraciones, Moreno visita Guardia Mitre, zona agrícola promisoria, en cuya cercanía reside el viejo cacique Sinchel, uno de los últimos pampas o gennaken, que fuera amigo de Musters. De elevada estatura, afable y cariñoso, de color caoba rojizo, recuerda a los jefes pieles rojas, sobreviviente típico de una raza en vías de extinguirse. Lo recibe con honores en su toldo, "con la soltura de un hombre civilizado" y le expre-

Remington "Argentino". Según Moreno, se lo prefirió al diálogo y a las negociaciones con los indígenas. Tenía obturador giratorio abierto para permitir la introducción del cartucho.

sa cómo el "mal espíritu" le ha impedido al indio aprender a trabajar pues "el blanco sabe todo y aprovechará cuanto el indio no ha podido utilizar".

En una carta a su padre, Moreno le refiere que tuvo la ocasión de ver tres razas distintas que habitan la región: los tehuelches, los manzaneros, que hablan araucano, y los "famosos pampas en cuya existencia no creía nadie; ni yo tampoco. Ahora sé que los querandíes no eran de raza araucana".

En las cercanías vive Hernández, mestizo de gennaken, que ha sido baquiano del reputado geólogo suizo Jorge Claraz, amigo de Moreno. Conocedor de los usos y costumbres de los gennakenes, "cuya parentela estaba diseminada" por los lugares que Moreno se propone visitar, acepta acompañarlo en la expedición.

También Gavino, gennaken por parte de madre y mapuche por el padre, otro viejo conocido, acepta unirse, lo cual alegra a Moreno, quien reconoce su hombría y habilidad. Al visitarlo en su toldo, lo encuentra algo enfermo y entristecido, porque ha "soñado" que Moreno iría en la expedición sin él, lo cual significaría causarle una ofensa. Estas predisposiciones amistosas de los indios —según apunta Moreno— hubieran favorecido la creación de un Consejo que promoviera la convivencia armoniosa entre ellos y los blancos, actitud que había aconsejado cinco años antes. Sin embargo, prevaleció "el argumento del Remington".

Extinción de una raza

En tanto hombres y caballos se recuperan del cansancio, luego de largas y fatigosas jornadas, Moreno entresaca de cairones diseminados en una colina, huesos humanos quemados y fragmentados, y abundantes puntas de flechas, morteros rudimentarios usados por los indios para desmenuzar el charque de guanaco y moluscos de agua dulce, con los que probablemente se alimentaron los antiguos gennakenes.

Recorren la meseta de Somuncurá y penetran en el llano de Yamnagoo, tan celebrado por los indígenas según Moreno, con quienes vanamente espera reunirse en alguna toldería, pero sólo halla rastros de ellos. Apunta: "Los espectáculos de la naturaleza sin la presencia del hombre no son completos"; manifiesta además su deseo de "matizar con la animación del nómada la solemne soledad del desierto".

En un tramo de la marcha cazan varios guanacos, avestruces y quirquinchos, luego Hernández y Gavino se lucen preparándolos a la manera gennaken. La carne de yegua cansada, único alimento de las últimas largas jornadas, se hizo desagradable. De pronto, disfrutan con morcillas de guanaco, guisos de avestruz y quirquincho asado con piedras calientes.

Solamente uno de los indígenas no puede gozar de esos manjares y el reparador descanso: el que había soñado que una serpiente se le introducía en el cuerpo, lo cual significa que su mujer lo engaña. Pero el augurio más inquietante es el de un guía que "sintió que el ojo se le sacudía", lo que intimida seriamente a los ocho indígenas que integran la caravana, compuesta por dieciséis hombres.

La alegría cesa de pronto, es el presagio de que se acercan a la región donde puede haber araucanos enemigos y, según Moreno, "les preocupaban las voces que habían corrido en el río Negro, a nuestra partida, sobre el mal fin de mi viaje".

Para evitar que la desconfianza aumente mientras reposan, Moreno intenta distraerlos disponiendo la partida inmediata. Luego de una larga travesía la caravana llega a un valle estrecho, verde, con abundantes manantiales, flanqueado por murallones volcánicos que parecen ruinas gigantescas, donde está asentada una toldería sumida en una absoluta tranquilidad. Los cencerros de la tropilla de la expedición los alertan y los hombres, que duermen al sol casi desnudos, empiezan a correr en todas direcciones en busca de la lanza y del caballo; las mujeres jóvenes se agrupaban "pensando quizás en el nuevo dueño, si resultaba fuerte el enemigo que llegaba".

Los guías conocen a la tribu, que es la del cacique Puitchualao, jefe de los gennaken, la raza que Moreno desea conocer desde hace largos años.

Aunque están a unos cien metros del toldo del cacique, respetando el protocolo Moreno envía un emisario para anunciar que se "ponía en camino para saludarlo".

Puitchualao, de alrededor de sesenta años, se anticipa disponiendo sus mejores pieles y almohadones, sobre los cuales se sientan Moreno, su apreciado compañero el ingeniero Francisco Bovio, Melgarejo, Hernández y Gavino. Después expresará que era "necesario tener buen estómago para resistir una hora en la tienda gennaken; es difícil hacer la descripción de su suciedad", semejante a la de los tehuelches.

Obsequia al cacique una damajuana de aguardiente, muy aguado, que es muy bien recibido y agradecido con un corto discurso, que no deja de ser un gran alivio ya que, generalmente, un buen discurso en las tribus patagónicas dura varias horas y hasta días enteros. Moreno estima que los indígenas gennaken, como los ahonekenes o patagones, están destinados a extinguirse rápidamente, porque

su carácter, sus costumbres completamente primitivas no pueden resistir un rápido cambio de medio, y se los ve languidecer y perecer sin asimilarse con las razas invasoras. La civilización no echa raíces entre ellos; el patagón no es como el araucano, quien, con voluntad, se convierte en un hombre útil a la sociedad.

Inacayal y Foyel con algunos de sus guerreros, mujeres y chicos
prisioneros en los cuarteles del 8 de Línea, a donde Moreno se
trasladó para liberar a los caciques.

Entre cordiales despedidas la caravana continúa su marcha, en tanto Moreno observa la excesiva miseria de esa tribu. Parte con la convicción de que sus hombres y él son

> los últimos viajeros que veían a los gennakenes, llevando su vida nómada... ¿Quién, dentro de algunos años, al visitar aquellos parajes podrá imaginarse que allí se extinguió una raza y que las piedras quebradas sobre el suelo son todo el material que queda de aquella vida doméstica principiada en la penumbra de la edad geológica pasada y que concluye sin haber variado nada de ella?

Los expedicionarios atraviesan una amplia llanura que Moreno considera otro de los puntos céntricos que permite radicar una población estable, y es hoy propiedad de la Compañía Inglesa de Tierras del Sud vendida por el gobierno de la Nación sin haber tenido en cuenta el menor estudio sobre su valor económico y estratégico.

Previamente había registrado que "los planos de las mensuras que han servido para malbaratar la tierra pública patagónica son extraordinarios por sus deficiencias".

Al regreso de los chasques que Moreno envió en busca de sus amigos, los indios del cacique Inacayal, cuyo hijo Utrac había vivido con él en Buenos Aires, se entera, sorprendido, de que corrían rumores acerca de que "sus intenciones eran hostiles para con los indígenas". En efecto, su compadre Sayhueque envía una partida a Mackinchau para tomarlo prisionero, y ordena que se le dé inmediato aviso de su paradero.

También se entera de que los caciques Inacayal y Foyel acampan a tres días de viaje hacia el Sur, y decide ir a su encuentro. Entre Esquel y Tecka se encuentran con Utrac y otros jóvenes indios enviados por los caciques a darles la bienvenida.

Moreno mantiene largas conversaciones con Inacayal y Foyel y cuando les pide baquianos para llegar a Nahuel Huapi los caciques se oponen porque consideran muy arriesgado su propósito de ir al Norte, ya que no sólo se expondría él, sino también la indiada amiga, al acecho de los mapuches. Celebrado el Consejo hay consenso entre los jefes indios para negarle la aprobación porque les preocupa lo que puede hacer Sayhueque si se entera de que Moreno anda nuevamente por la re-

Lago Traful,
foto tomada por Moreno (Museo de La Plata).

gión, pero ante los argumentos de éste, tan pertinaz como los propios caciques, finalmente aceptan que vaya
acompañado por Utrac.

Antes de partir hacia Nahuel Huapi, Moreno hace un
reconocimiento en los valles cercanos y los considera aptos para ser poblados y radicar una colonia agrícola-ga-
nadera. A la vez, parlamenta con los indios gennakenes,
tehuelches y mapuches distanciados de las tolderías del
Norte, que llegan para presentarles sus saludos.

En un informe enviado a Buenos Aires, Moreno refiere que con caballos prestados por los indios va al Norte a explorar la entrada del Nahuel Huapi, la falda de los
Andes por sus bosques y pasos, las regiones del Oeste
"donde están los magníficos ganados salvajes", llegando
hasta el Sengüer.

Toda esta región tiene un hermoso futuro. Los bosques llenos de enredaderas, las praderas cubiertas de flores y la espléndida vista de las nieves eternas, mantienen a mi comitiva contenta.

El 8 de enero se encamina hacia el Norte, dejando cuatro hombres enfermos al cuidado del equipaje. Avanza por la región precordillerana, cuyas montañas bautiza con el nombre de Rivadavia, "usando del derecho de primer visitante".

En Esquel hallan acampando al capitanejo mapuche Huircao, quien les advierte que Sayhueque ha enviado hombres a su encuentro. Entretanto, Bovio comienza a ser afectado por un malestar, resabio de una vieja dolencia; Moreno le pide que regrese a Tecka y espere su regreso. Sigue adelante con Utrac, Gavino, Melgarejo y Hernández.

Gavino le comenta que en ese sitio ha perdido un hijo víctima de las envenenadoras, y le aconseja que si las mujeres le obsequian con algo comestible no lo tome. Moreno no da mayor crédito a las palabras de Gavino; poco después acepta confiado un cántaro con frutillas con leche entregado por una niña esclava de la mujer de Utrac, quien lo invita. De pronto,

la muchachita insistía en impedirme de comer del cántaro, lo que yo atribuí a que deseaba participar del obsequio. Ante su empeño, cedí al fin, dejándole llevar el cántaro. Mientras tanto, Hernández había comido una porción mayor que la mía, y fue él quien sintió con más intensidad los efectos del tóxico. Por mi parte, absorbí buena dosis de láuda-

**Inacayal,
guerrero
huilliche,
sometido en
1883 y muerto
en La Plata
en 1888.**

no y aun cuando pasé momentos muy dolorosos y ansiosos, ante la gravedad del hecho, pude ofrecer mi ayuda al compañero. No aceptó mis indicaciones y prefirió ser atendido por la vieja machi, hechicera médica del lugar.

La anciana *machi* no logra alejar los malos espíritus con su poder mágico y Hernández empeora. Entonces Utrac, muy apenado, le confiesa a Moreno la causa del envenenamiento: la mujer con la que convive en esos toldos, al tanto de que él tiene otra mujer en el río Negro, una tercera en Nahuel Huapi y que cuando visitara de nuevo Patagones en compañía de Moreno, seguramente adquiriría una cuarta, se propone impedir que Utrac continúe viaje, y para que desista, no tuvo mejor idea que terminar con la vida de Moreno, Hernández y Gavino.

Hernández permanece, muy enfermo, en el toldo de unos parientes, pero muere al mes siguiente. Moreno sigue camino y días después pasa por la toldería

del hostil capitanejo Royil, en la que felizmente
para nosotros reinaba la borrachera, pero nos alcanzó un enviado de Sayhueque, portador de una
carta del mestizo (el valdiviano más taimado y trai-
dor que haya cruzado los Andes) José Antonio Loncochino "Secretario de mi Superior Gobierno D.
Valentín Sayhueque".

Lo invita a Moreno a visitar al gran jefe en Caleufú, y califica de infundados los rumores acerca de que éste quiere
tomarlo prisionero. "La falsía del mestizo me era bien cono-
cida", expresará Moreno, pero opta por continuar porque se
propone reconocer la topografía del Sur y el Oeste de Nahuel Huapi, donde está situado el paso de Bariloche.

En el trayecto atraviesan bosques andinos, colmados
de magníficos ejemplares de robles, maitenes, canelos,
laureles, coihues, praderas cubiertas de frutillas y césped;
por fin, llegan a un arroyo en cuyas márgenes están insta-
lados los toldos del cacique araucano Colomilla, en cuyos
dominios lucen variados y abundantes cultivos, destacán-
dose con esplendor sus cosechas de trigo.

El propósito de Moreno era llegar sin demora al Nahuel Huapi, le preocupaba la suerte que podrían correr
sus hombres por lo que evitaba hacer paradas en el camino. Sin embargo, el descubrimiento de un nuevo lago, el 23 de enero de 1880, lo obliga a reconocer la zona
y el lago, al que bautiza Juan María Gutiérrez:

Cuando yo era era niño el anciano que llevaba ese
nombre me encantaba con sus descripciones ma-
gistrales de la naturaleza americana, que tan bien

sentía y de la que él era una de las más bellas y fecundas emanaciones; más tarde su amistad me fue preciosa y sus palabras de aliento nunca me faltaron; tributo fue de admiración y gratitud dar su nombre a ese lago tranquilo y bello como su espíritu, el lago Gutiérrez, bautizado así en memoria del venerable y nunca olvidado rector de la Universidad de Buenos Aires, filósofo, literato, poeta, sabio, figura desde ese día en la carta del mundo.

Moreno regresa al campamento, en la orilla sur del Nahuel Huapi con fragmentos geológicos y muestras botánicas, entusiasmado con las bondades de ese suelo enmarcado por bosques y cumbres nevadas. Es en ese momento cuando concibe la idea de convertir a la región en parque nacional.

Pero sus ensoñaciones duran poco. Mientras imagina el porvenir de la región y disfruta la contemplación del paisaje, lo estremece un alarido de guerra proferido por el guerrero mapuche que lo enfrenta revoleando la lanza.

Moreno es tomado prisionero

Escoltado por los indios que aparecieron de entre los tupidos coligües desde donde lo estaban acechando, llega al campamento y encuentra a sus hombres que lo miran resignados. Explica Moreno:

Sin municiones, no habían podido defenderse de los setenta y cinco indios que capitaneaba Chuaimán, el hijo del cacique Molfinqueupu (pedernal sangriento), hermano del jefe de una caravana que el general Villegas tomó prisionera, acusados de matar a unos troperos.

Utrac y Gavino no han sido molestados y, al parecer, esa partida de indios no se presenta como enemiga sino como una escolta para conducirlos (a la fuerza si es necesario) a Caleufú, actitud que para Moreno significa que los prisioneros de Villegas son inocentes. Desde Caleufú pedirán al gobierno nacional su libertad, en tanto Moreno quedará como rehén; este deseo lo expresa el valdiviano Loncochino.

Pero Moreno esboza una estrategia; con él están Utrac hijo de Inacayal, que se titula su *hermano*, Gavino, indio pariente lejano de Sayhueque, el entrerriano José Melgarejo y el belga Antonio Van Titter. Debe advertir a Bovio y planea hacerlo mediante Utrac; unos quince días después, intentará evadirse él con sus baquianos. Como no conoce el camino a Chile, opta por navegar el curso del río Limay. ¡El agua no conserva rastros!

Además, supone que aun cuando el gobierno resuelva dar libertad a los prisioneros de Villegas, los indios no harán lo mismo con él pues lo consideran un rehén valioso. Moreno tiene razones para creer que no todos los presos volverán a los toldos y esto provocará la ira de los caciques.

Llegan al Limay, en el punto donde lo cruzara Musters; la balsa de ramas sobre la que los indios colocan sus recados y agarrados de sus bordes la impulsan cruzando

Sayhueque presidió el Consejo de caciques que juzgó a Moreno en su segunda incursión a Caleufú. "No estaba del todo tranquilo en aquel momento", admitió el joven explorador.

a nado es el modelo que inspirará a Moreno para construir una similar en el Collón Curá y darse a la fuga.

Cruzar las aguas con la misma habilidad que la de los indios sería una imprudencia; por lo tanto, advierte a sus hombres que digan que está enfermo y que es flojo para el agua. Antes de sumergirse finge fuertes dolores en las piernas, y pide a sus captores que lo dejen echarse sobre la balsa junto a los recados. Los indios se ríen de su debilidad de huinca, pero se lo permiten.

En tres horas están en Caleufú; las hogueras que arden en las cumbres anuncian la llegada de los cristianos. Descansan en una loma próxima a la toldería esperando la orden para acercarse, en tanto Moreno esconde entre las piedras dos latas de sardinas, una de paté, otras provisiones, el barómetro y algunos instrumentos que podrían intrigar a los desconfiados mapuches. Con él lleva el teodolito. Se acercan al campamento flanqueados por indios armados que los insultan. No mortifican a Moreno los insultos dirigidos a él sino los que humillan a Utrac y Gavino, que caminan silenciosos a su lado. Son partidas que los han buscado sin éxito, lo que aumenta su odio, y ahora sienten envidia por el victorioso Chuaiman, que los escolta. Loncochino avisa que sólo Moreno puede entrar al toldo. Mientras, Sayhueque lo espera recostado en los almohadones del colchón de pieles "que le servía de trono y cama delante de los 'establos' de sus cinco mujeres". El cacique se levanta y le tiende la mano, que Moreno no toma.

—Amigo, compadre. ¿No dando la mano derecha?

—No, compadre.

Sayhueque se siente contrariado, y llama con un grito a Loncochino.

Detrás del secretario entran un centenar de caciques y capitanejos para constituir el Consejo; entre ellos, el valiente "Cóndor del Este" (Puelmanque), Molfinqueupu y el feroz Chacayal, antiguo enemigo de Moreno, se aprestan a escuchar las "razones" del prisionero. Moreno admitirá:

no puede decirse hoy que estaba del todo tranquilo en aquel momento; esos hombres medio desnudos, pintarrajeados la cara y el pecho, con las largas melenas erizadas de plumas de halcón, moviéndose nerviosamente, respirando sangre, colgadas del cinto las hondas y boleadoras y que hacían hoyitos en la tierra con sus largos facones, eran en gran parte parientes de los prisioneros del Río Negro.

Moreno lleva oculto un revólver colgando del cuello, cayendo sobre la espalda, debajo de la camiseta.

Sayhueque repite:

—Amigo, compadre.

Moreno no responde; Sayhueque se incorpora, con una sonrisa inquietante, y les habla a los indios en lengua araucana. Le inquirió a Loncochino:

—¿Qué dice el cacique? —pregunta Moreno.

—Mi Superior Gobierno, dice: ¿Miren como el hueza-huinca (cristiano feo, abyecto) calla? No puede hablar de miedo. Tiemblan sus dientes.

Los indios ríen.

—¿Desde cuándo se le trata al cristiano como a un perro? —replica Moreno—. Antes de hacerlo hablar se le da de comer.

Ésa es la etiqueta mapuche y Moreno quiere ceñirse a ella.

Fia, mujer de Sayhueque, muy apreciada por Moreno, le trae el desagradable plato de hígado crudo de yegua, polvoreado con sal y ají.

Acabada la comida, se reanuda el parlamento.

—¿Por qué el cristiano no ha mandado chasque avisando que caminaba por las tierras de los mapuches? ¿Por qué anda escondiendo la casa lejos de las casas? ¿Acaso tiene mal corazón y busca el daño para los dueños de los campos? ¿Por qué anda haciendo brujerías en la gran laguna [Nahuel Huapi]?

(Cuando Moreno y sus hombres acamparon en el Nahuel Huapi, se les acercó un perrito al fogón atraído por el olor de la carne asada. "Los primeros indios que se acercaron —supone— no encontraron explicación más natural que la de que yo lo había hecho nacer de la laguna".)

—¡Conteste por qué! ¡Si no habla, será un perro!

Moreno responde:

—Dígale Loncochino a Sayhueque que los únicos perros que hay aquí son sus indios, son perros que menean la cola antes de ladrar. ¿Por qué me manda llamar como amigo y me trata de enemigo? Nadie se ha acercado al llegar; en cambio, se me ha insultado. ¡Si yo lo hubiera sospechado, no vengo!

Al oír que lo trataban de perro, Chacayal rugió furioso:

—Arrastrándome como serpiente hubiera alcanzado al cristiano feo. Chacayal no teme al F'ta Tralcan (gran trueno). [Se refiere al teodolito, que para algunos es un cañón que mata cien hombres de un tiro y para otros, un intermediario con el sol en las brujerías.]

Moreno se ve en mejor situación y avanza:

—Dígale Loncochino a mi compadre que lo que pretende que haga no lo conseguirá. Quiere que escriba al gobierno para que "suelte" a sus indios. ¿Acaso me consta que son inocentes? ¿Acaso yo mando al gobierno? ¿Acaso éste va a creerme desde que le escribo preso, porque tendría que decirle la verdad y vería que los mapuches no son ya sus amigos? ¿Quiere que yo quede aquí hasta que vuelvan todos los prisioneros? Será para siempre, puesto que no pienso escribir.

"Me dice mi compadre que yo valgo mucho en mi tie

Pincén,
cacique pampa.

rra. ¿Quién se lo ha dicho? ¡Qué le importa al gobierno que no vuelva más! Tienen miles de hombres para reemplazarme y en cambio ustedes aquí son pocos y muchos los indios presos. Sean enemigos de todos los cristianos, éstos pronto acabarán con ustedes. Más blanquean en el campo los huesos indios que los nuestros. Si alguna vez salgo de aquí, los he de ver a todos presos en Buenos Aires, como yo estoy ahora. ¡Allí los espera Pincén!

"¿Recuerda mi compadre la lanza que con el caballo "tapayo" me regaló cuando éramos amigos? Con ella está retratado el toro Pincén, como lo llaman aquí, y su retrato sirve de "collón" (máscara) para asustar a los muchachos.

"¿Recuerda mi compadre la camisa de siete cueros de Cisnal que el bravo Chocorí (padre de Sayhueque) tiró cuando llevándolo en brazos disparó de los cristianos en Río Negro? ¿La recuerda?, pues bien, la tengo yo en mi casa, es blanca con rayas coloradas. ¿No es cierto? En cambio, ¿qué tiene el mapuche que le haya quitado al cristiano? Nada más que mis regalos de amigo. Mande Sayhueque a Chacayal que salga fuera y que traiga los rifles de mis hombres: bajo mi carona está la carabina; se la regalo, tome todo y vea, pues, si su compadre tiene miedo en el corazón, y si le tiemblan los dientes.

Moreno pone así en riesgo su vida en una audaz jugada, pero percibe que es la única actitud que puede adoptar para salvarla. Sayhueque no habla pero Chacayal ocupa el centro, entre las dos hogueras que arden, y le habla al Consejo.

—Muy malo es el cristiano cuando así habla aquí solo. En su campamento ni siquiera nos miraría.

La prueba no ha terminado y Moreno está conforme con su actuación, desoyendo los consejos de Loncochino y Flandes, platero valdiviano, acerca de no ser "tan altanero" pues le puede suceder "algo". Pero Moreno ha logrado "que no se ajara su persona". Y en esa situación, es lo único que desea.

En el mismo tono de confrontación continúan discutiendo varias horas más, pero la tensión se afloja y Moreno promete escribir al día siguiente. Entretanto, reflexiona:

> para probar a los indios que aun cuando Sayhueque decía que gracias a él no me habían muerto, no los quería mal.
> Mi plan adelantaba, pero se presentaba la primera dificultad. ¿Dónde dormiría?

Moreno fue designado director y "único empleado" del museo que él mismo había fundado a título personal y que se tomaría como base para instalar el de La Plata.

Evadirnos desde el interior del toldo hubiera sido una locura; sólo había probabilidades consiguiendo la carpa regalada en ocasión anterior: fingiéndome más enfermo e invocando la palabra de Utrac y de Gavino, obtuve que la facilitaran a pesar de que Sayhueque decía que debía vivir como indio, como lo había hecho antes.

Sus asistentes le dicen que les han quitado las armas pero el teodolito no porque le tienen miedo.

Finalmente, Moreno escribe las cartas, una que Utrac se encarga de que le llegue por intermedio de un chasque a Bovio (escrita en francés), donde lo pone al corriente y le pide que se marche a Choele Choel con los hombres que lo acompañan; otra dirigida a Vintter y llevada por un chasque de Sayhueque, pidiendo la libertad de los indios prisioneros y proclamando su inocencia.

Moreno quiere salvar a otro hombre, por cuanto la fuga que planea incluye sólo a Melgarejo y Gavino, que están al tanto. Pregunta a Sayhueque, simulando curiosidad:

—Dígame compadre, ¿sus indios tienen algún pasaporte para que los dejen pasar a los fortines?

Loncochino, avergonzado ante Sayhueque, confiesa que no se le ha ocurrido. Y Moreno aprovecha:

—Yo le voy a dar uno porque quiero que mi compadre salga bien.

Inventa el nombre de un jefe de fortín y le pide que atienda a los chasques. Pero Sayhueque pregunta si igualmente no les harán daño.

—No sé, compadre, puede que no si consiguen llegar sin ser vistos, pero es probable que si los sienten, les hagan fuego. Ustedes son enemigos ahora.

Como los ve confundidos a Sayhueque y Loncochino, Moreno ofrece:

—¿Por qué no mandan también a uno de mis hombres?

Antonio Van Titter fue designado como acompañante, llevando las cartas y una lista con pedidos indios: azúcar, yerba, ponchos, botas finas, etc. También dos cartas escondidas: una que ponía al tanto a Vintter y le decía que apresara a los chasques indios y no liberase a nadie. La otra dirigida a Lucio V. López comunicándole que ha dado el nombre de su abuelo a un cerro nevado que domina su campamento en el lago. (El cerro López, en Bariloche.)

De este modo, Moreno logra poner a salvo a otro hombre, en este caso el belga Van Titter.

Quedan prisioneros solamente Moreno, Gavino y Melgarejo, que pasan el resto de la tarde tranquilamente, pero al día siguiente se agita la toldería con alarmantes noticias que portan los chasques avisando que el coronel

Ortega se prepara a invadir. Moreno piensa: "Siempre hay espías entre los tan ponderados indios amigos".

Sayhueque da la orden de reunir la Junta de Guerra en Quem-quem-treu, donde inesperadamente llega un indio escapado de Río Negro con la noticia de que han fusilado a otros dos que trataron de huir con él. "No quiero recordar el momento", refiere Moreno.

Se efectúan maniobras de guerra, según los caciques y capitanejos, con ochocientos guerreros. (Moreno contó solamente cuatrocientos ochenta.) En un simulacro de ataque, las bajas cristianas eran matas de pastos que los guerreros indios levantaban del suelo con la punta de la lanza.

Mientras Moreno se defiende de las inculpaciones de algunos jefes, realmente lo inquietan varias lanzas que le "cosquillean" el pecho y piedras de honda que silban cerca de sus oídos.

Algunos acontecimientos posteriores, entre ellos la realización de una rogativa tradicional, el Camaricun, mantienen a Moreno inquieto y suspicaz.

Entretanto, llega la noticia de que un chasque perseguido por soldados se ahogó en el Collón Curá; por la tarde, llegan las primeras familias fugitivas, lo cual agrava la estadía de Moreno porque despierta en muchos indígenas ansias de venganza.

Asiste el primer día de la rogativa simulando estar enfermo, emponchado, como que sentía mucho frío, caminando con dificultad, sostenido de los brazos por Gavino y Melgarejo. Se detienen al pie de un molle para que Moreno descanse. Durante la rogativa es insultado todo el tiempo y sólo cuida de no exacerbar la iracundia de sus agresores.

El segundo día va a caballo y Sayhueque queda convencido de que no puede caminar; el tercero, no le permiten salir de la carpa, lo que hace sospechar a Moreno que algo grave sucede.

Circula el rumor de que en Choele Choel los indios han muerto y que Antonio van Titter ha llevado algún mensaje secreto. La muerte de los prisioneros es confirmada por un indio que logró fugarse.

Hay muchas discusiones y el hechicero repite que es necesaria la muerte de Moreno para expiar la de los indios y que debe recibirla a la manera de los "toros y brujas", arrancándole el corazón a orilla del agua, a lo que Sayhueque se opone.

El cacique tiene siempre presente el consejo de su padre, Chocorí, de que jamás manchase sus manos con sangre de cristiano, pues "ropas cristianas lo envolvieron al nacer". Además, ¿por qué no aguardar la vuelta del chasque? (que nunca regresará, según augurios del hechicero).

Durante la noche, los despierta un ruido muy cercano a la carpa: son dos indios que se arrastran cuchillo en mano, pero se alejan cuando oyen voces; Moreno supone que son parientes de los indios muertos en Choele Choel. Además, recuerda que Sayhueque le dijo que habiéndole quitado el gobierno las raciones, ya no tenía la misma influencia sobre sus indios y que si bien él no le haría mal, podría ocurrir que alguno de sus jefes (quizá Chacayal) lo atacara y le sería imposible defenderlo. "O huíamos o moríamos", admite Moreno, alarmado.

A la noche siguiente, al término de la celebración y cuando todos duermen por efectos de una gran borrachera, ejecutan el plan de fuga: Moreno saldría en dirección del molle, por sobre el pedregal suelto del Ya-laley-curá, río seco, pedregoso, donde no dejaría rastros, y recogería las latas de alimentos y el revólver; a continuación, saldría Gavino y poco después Melgarejo, quien debía robar un caballo que pastaba cerca de la carpa. Más tarde, escribe:

> … la tensión nerviosa me aguzaba el oído, percibía los menores ruidos y recuerdo el rodar de las piedras sueltas del torrente seco que tomaba proporciones imponentes.

Recuperadas las provisiones y el revólver, se pregunta, bajo una fuerte emoción, qué sucederá si sus compañeros de fuga son descubiertos.

El tiempo transcurre y ninguno se acerca. A pocos metros, donde el río desciende, se agazapa junto a dos ramas de molle que forman horquetas, y se prepara a defenderse desde allí si lo atacan. Revisa las dieciocho balas de que dispone y comprueba que entran con facilidad en el tambor. Observa el reloj que lleva escondido en el pelo disimulado con el nudo del pañuelo, sucio y roto, que usa a modo de sombrero. Han pasado tres horas en ese escondite y nadie se le une.

Al rato, escucha pasos sobre las piedras, es Melgarejo que se acerca con un petizo.

—Patrón, Gavino no quiere salir, tiene miedo; dice que el adivino supo que usted había escrito y que va a saber por dónde nos hemos escapado.

Cruce del río Aluminé por soldados al mando de Villegas.
Curiosa alineación de caballos con pelaje blanco.

Moreno sabe que tiene que volver porque Gavino, asustado, los delatará. Esconde las provisiones pero lleva el revólver encima y regresa a la carpa muy abatido. No obstante, está decidido a intentar la evasión al día siguiente, decisión que le devuelve de a poco la confianza, pensando obsesivamente en los nuevos preparativos. En una conversación con Gavino lo persuade de que es una tontería creerle al adivino. ¿Acaso ha sospechado que la noche anterior trataron de escapar y que esa misma noche se irían del todo? Por fin, "El buen indio se arrepintió y juró obedecer en todo".

LA FUGA DE CALEUFÚ

Una vez más, planean la huida y repasan los detalles: Gavino saldrá primero y si se encuentra con alguien dirá que va a un toldo cercano; si no, esperará en el molle. Seguidamente, saldrán Moreno y Melgarejo y si alguien se acerca a la carpa, éste dirá que Gavino ha salido y Moreno duerme. El teodolito cubierto con mantas semeja el cuerpo de Moreno.

En el único caballo montan Gavino y en ancas Melgarejo; Moreno, tomado de la cola, arrastra el poncho al que ha atado tres piedras para que al barrer el suelo borre las huellas.

Finalmente, llegan al Collón Curá y entre Gavino y Melgarejo arman la balsa construida con ramas y palos de sauce. Luego recordará Moreno:

> Al subir a la balsa que se hundió tres cuartas partes, ninguno de los tres sentíamos el peligro que acabábamos de salvar y reíamos a carcajadas al descender con terrible velocidad.

Inician la accidentada navegación en la madrugada del 12 de febrero de 1880, sin timón, navegando a oscuras y, en dramáticas ocasiones, al borde del naufragio. Para que los indios no los descubran, navegan de noche y, escondidos, descansan durante la luz del día. Sin embargo, no tardan en padecer los efectos de un terrible cansancio, sumado al hambre que los debilita paulatinamente.

Además, deben reparar la balsa varias veces y en una brusca maniobra, para evitar que la embarcación zozobre, Moreno roza las piernas con las rocas, lo que le provoca heridas y raspones, y fuertes dolores en la espalda y en la cintura, debido al enorme esfuerzo que exige maniobrar en la fuerte correntada; Melgarejo lo sostiene para evitar que sea arrastrado. No pueden secar las ropas, siempre mojadas, por temor a encender fuego y llamar la atención de sus perseguidores.

Casi exhaustos deben abandonar la balsa porque ya no tienen fuerzas para conducirla, ni siquiera pueden levantar los brazos. Hambrientos, sólo se alimentan con raíces de juncos, y sacian la sed que los devora por la fiebre, en algún pozo de agua estancada. En uno de sus forzados descansos, recostado y apenas despierto por la brisa de la tarde, Moreno piensa:

> Morir estando tan cerca después de todo lo que he pasado, cuando el lago ya no es un misterio, cuando he relevado miles de leguas fértiles que se creían desiertas, cuando acabo de demostrar con el descenso de la balsa que el río es navegable...

Penosamente continúan la marcha y se dirigen hacia la confluencia del Limay con el Neuquén. De pronto, Moreno escucha lo que tanto temía:

—No caminamos más, patrón. No podemos.

No tiene más remedio que hacer un alto. "¡Qué dura noche pasé entre las espinas! Mis hombres no dormían: parecían muertos", dirá. Al despuntar el día Moreno baja a la orilla del Limay, abatido, dudando ya del probable éxito de la fuga, casi previendo lo peor, cuando observa la corriente y, asombrado, llama a gritos a sus hombres. Éstos se incorporan con esfuerzo y van lentamente hacia la orilla.

—¡Miren, es agua del Neuquén! —y les indica el agua oscura que corre del Oeste y se mezcla con las del Limay.

Ese inesperado estímulo los anima para caminar un poco más; entretanto, Moreno trata de distinguir si el bulto oscuro que se divisa a la distancia es el fortín.

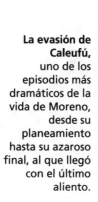

La evasión de Caleufú, uno de los episodios más dramáticos de la vida de Moreno, desde su planeamiento hasta su azaroso final, al que llegó con el último aliento.

Saca la bandera que lleva doblada sobre el pecho, debajo de la camisa, la ata a una rama y le pide a Gavino que la haga flamear sobre una loma, mientras él dispara tiros al aire. Catorce disparos retumban entre los cerros provocando un precipitado correteo que levanta polvareda en el sitio donde le parece avistar un fortín. Un grupo de soldados avanza por la orilla opuesta al encuentro de los intrusos, alineándose en posición de tiro.

—¿Quién vive? —preguntan.

—¡Moreno, escapado de los toldos!

Los soldados se acercan con curiosidad, impresionados por el estado físico de los prófugos. Moreno les pide que los crucen porque no tienen fuerzas y, agarrados de las colas de los caballos, llegan a la otra orilla.

Le ofrecen un cigarro, y lo rechaza con amabilidad:

—No fumo amigo, pero si en cambio tiene una galleta…

Campamento del ejército en Choele Choel, 1879.

En realidad, los soldados tampoco tienen mucho para ofrecerles, solamente galletas y caldo de yegua. Mientras comen, le informan que esa misma tarde debe quedar abandonado el fortín, pues tienen orden de retirarse a Choele Choel. "De haber llegado unas pocas horas después —se estremece Moreno— hubiéramos perecido."

La fuga les ha demandado más tiempo y sacrificios de los que quizás habían previsto. Desde la noche del 11 de febrero de 1880 hasta la mañana del día 19, Moreno y sus hombres afrontaron dramáticas alternativas en el Limay, y más de una vez debieron prepararse para el fatal desenlace.

Pero ahora, después que un chasque partió a Bahía Blanca para adelantar la noticia de su salvación, aún con las piernas llagadas y muy dolorido, Moreno galopa hasta el fuerte Roca y desde allí a Choele Choel.

La burocracia ministerial conspira

En Choele Choel se encuentra con el ingeniero Bovio, los dos hombres se abrazan emocionados; Moreno, apenado, observa a su amigo exhausto, enfermo, recién llegado de Tecka desde donde ha venido caminando sin detenerse, luego de que el chasque enviado por Utrac le entregara el mensaje de Moreno. Bovio mira las piernas llagadas de Moreno, demacrado, aún no repuesto de su descenso por el Limay.

Una vez recuperado, Bovio deberá seguir sus relevamientos de la costa atlántica por indicación de Moreno, quien se dispone a volver a Buenos Aires para dar cuenta de sus estudios y reconocimientos, dado que se están efectuando conversaciones con Chile acerca del trazado fronterizo.

Después de algunos titubeos, Bovio le dice:

—Malas noticias corren. Parece que el gobierno está descontento de usted.

El teniente coronel Fernández Oro, que los hospeda en su rancho, agrega:

—Ha sido usted destituido.

—¿Y por qué razón?

—Porque parece que usted no ha cumplido con su deber.

—¿Qué ha pasado? —se queja Moreno—. ¿No he cumplido con las instrucciones recibidas? ¿Qué instrucciones eran ésas? ¿Las que tenía en mi equipaje, salvado por Bovio, y en cuyo cumplimiento expuse la vida? No. ¡Las que no existían. Las que disponían que

me concretara a evitar los robos de guano en la costa
patagónica!

La burocracia del Ministerio del Interior y su ministro, Benjamín Zorrilla, desaprueban las exploraciones de
Moreno:

> habían originado confusión en el ánimo de sus su-
> periores, presentándoles, como si fueran las des-
> tinadas a mí, las instrucciones que se dieron al co-
> mandante Laserre, jefe de la *Uruguay*.

Es de suponer que Roca no podía desconocer o que
no haya indagado en este incidente; sin embargo, no se
pronunció.

Moreno apresura el regreso. Al principio, viaja en
una carreta a causa del estado de sus piernas, muy las-
timadas, pero cuando llega a Conesa monta a caballo, en
estado febril, solo, y a galope tendido llega a Patagones
y entra en la proveeduría para almorzar.

Las noticias que recibe allí son contradictorias.

> Había y no había sido destituido. El ministro Zorri-
> lla no atinaba a resolver la situación creada por el
> olvido o la desaparición de la nota en que se es-
> pecificaban las verdaderas instrucciones.

Moreno está seguro de que se habrían evitado discusiones inútiles, y muchas tierras valiosas estarían ya
pobladas, si le hubieran permitido llevar a cabo su plan
de trabajo.

En efecto, lo que se pretende es frustrar, interrumpir
el programa de investigaciones de Francisco P. Moreno,

precisamente cuando éste está realizando una tarea decisiva y fructífera para el país: un extenso relevamiento geográfico, geológico y etnográfico, puesto a disposición de una nación que, hasta entonces, no tenía la menor idea de cómo estaba conformado un tercio de su territorio. Gracias a la labor de Moreno, se dispone de datos veraces, comprobados científicamente, acerca de tierras, ríos y lagos desconocidos, y de aportes importantes para un preciso trazado de los límites fronterizos y el establecimiento de colonos en territorios aptos para la producción.

La salud física y moral de Moreno se resiente seriamente. La actitud del ministerio lo ha afectado mucho con su "caos de falsías, inconsecuencias, debilidades y despreocupaciones sobre mis propósitos"; por otra parte, "no se había encontrado copia alguna de mis instrucciones, pero se conjeturaba que no tenían la amplitud que me había llevado a la cordillera". Sin duda, era indispensable explorar el paso de Bariloche,

> donde he encontrado vestigios de la comunicación que tenían los misioneros con Chile. Mi internación allí está ligada con nuestra cuestión internacional. [...] Cualquier otro en mi lugar hubiera hecho lo que yo pues de lo contrario hubiera faltado a su deber de argentino.

La disposición por la que se lo cesantea, con el argumento de que no ha informado acerca de sus actividades (durante el período en que fue prisionero en Caleufú), no admite réplicas; el menor pretexto era suficiente para desplazarlo.

En realidad, algunos altos funcionarios y ministros de Roca lo hostilizan por su actitud indulgente y comprensiva hacia los indígenas y por sus críticas a la arbitraria distribución de las tierras que obstruía la colonización. Molestos, además, por cierta insolencia juvenil que exterioriza Moreno cuando les enrostra su inaudito desconocimiento del territorio nacional y, más aún, la imperdonable conducta al impedir que otros lo hagan. Tratar de persuadirlos que con matar indios sólo se logra despoblar la Patagonia y que la tierra no es para especular sino para producir.

Lo cierto es que a lo largo de sus exploraciones en misiones oficiales Moreno nunca interrumpió o postergó sus investigaciones científicas, las desarrolló simultáneamente con las tareas de reconocimiento territorial requeridas por las autoridades nacionales. Las palabras de Mitre confirman este hecho: "explorando lo desconocido ensanchó el campo de la ciencia, afirmando la soberanía nacional".

Así las cosas, Moreno entrega el informe completo de sus exploraciones y estudios, y presenta la renuncia, actitud que alboroza a la burocracia ministerial. Luego, se dedica a poner en orden sus apuntes y clasificar las cuantiosas piezas de sus colecciones, pensando ya en la organización del Museo de Ciencias Naturales.

Poco después, emprende su primer viaje a Europa "en busca de nuevas fuerzas físicas y morales para continuar mi marcha hacia la realización de mi ideal".

En el ámbito científico

Una vez instalado en París, Moreno asiste a los cursos dictados en la Universidad por el célebre antropólogo Paul Brocca. A pesar de que su inscripción la hace sencilla y anónimamente, el sabio se entera de que entre sus discípulos se halla el autor de la investigación sobre "cráneos americanos prehistóricos". Lo llama y le expresa que "era un honor tenerlo en su cátedra", pidiéndole que pronuncie una conferencia sobre el tema.

El Perito Moreno con William Bruce, primer ocupante de la isla Laurie, quien la cedió a la República Argentina en 1904.

Más tarde, es distinguido por la Sociedad Geográfica de París, entonces la más calificada a nivel internacional, donde le entregan una medalla de oro en reconocimiento a sus aportes científicos, destacando sus importantes y atrevidas exploraciones.

El viaje a Europa amplía la visión científica de Moreno, lo actualiza en muchos aspectos y le permite reunir valiosos materiales de estudio y conocer nuevos métodos de organización que aplicará en la instalación del Museo de La Plata.

Asimismo, se relaciona con científicos relevantes, con los que en adelante mantendrá una nutrida correspondencia. Bajo la guía de Paul Brocca, el autodidacta Moreno estudia puntualmente las disciplinas de antropología, arqueología y etnografía.

Viaja luego a Londres, donde visita el Museo Británico y el South Kensington; profundiza sus estudios antropológicos sobre la evolución de la especie humana, y recoge datos y sistemas para utilizar en el Museo que está organizando.

La emoción por el regreso a la Argentina es incrementada por una recepción especial:

Bartolomé Mitre saluda afectuosamente a su amigo el señor Don Francisco P. Moreno y le da la bienvenida al seno de la patria y de los amigos, felicitándolo a la vez por los merecidos triunfos científicos en Europa.

Instalaciones del Museo de Ciencias Naturales de La Plata.

En enero de 1883 Moreno le envía a Mitre un informe completo de su relevamiento de la región de Nahuel Huapi. Pone en su conocimiento que ese informe fue ocultado por el Ministerio del Interior, expresándole:

Tres años han transcurrido desde mi última visita al gran lago. No veo la menor mención a estas expediciones y en mucho lo atribuyo al silencio que ha cubierto mi extenso informe al Ministerio del Interior, que no ha sido aún publicado, pese al decreto de "publíquese", cubriéndole el mismo espeso velo que la anterior administración echó sobre mi misión oficial a las tierras australes. Le envío mis croquis de viaje, publíquelos en *La Nación*.

De inmediato, Mitre imprime en la portada del diario las revelaciones y descubrimientos contenidas en el informe de Moreno, acompañados por ilustraciones. La publicación provoca tal conmoción que el presidente Roca se ve obligado a reparar ese ominoso ocultamiento.

Crónica del viaje a Nahuel Huapi del Perito Moreno, publicada en la portada de *La Nación* a su pedido (1883).

Entretanto, Moreno inicia su viaje por distintas provincias del Norte y zonas cordilleranas, con el fin de realizar estudios topográficos y antropológicos, y reunir piezas para las colecciones del Museo.

Finalmente, el 17 de setiembre de 1884 es decretada la fundación del Museo de La Plata. Se designa director a Francisco Pascacio Moreno, quien dona los dos mil volúmenes de su invalorable biblioteca particular y dirige personalmente la construcción del edificio secundado por los arquitectos Aberg y Heynemann, provenientes de Suecia y Alemania respectivamente. Mientras se avanza en la edificación, las colecciones y objetos permanecen en la "Quinta de Moreno", en Parque de los Patricios.

Aunque Moreno nunca se jactará de ello, según Luis María Torres (tercer director del Museo),

… los cimientos del hermoso edificio que guarda todo aquel material fueron levantados a expensas de su peculio, en condiciones sumamente gravosas para el donante.

A la inauguración del Museo asisten muchas celebrida-des, entre las que sobresale Domingo F. Sarmiento, quien contribuyó a su formación y auspició los viajes de Francis-co Moreno, elogiando desde su columna en El Nacional sus exploraciones y aportes científicos. Además, lo doctoró "por telegrama" para salvar un requisito reglamentario.

El proyecto de Moreno, amplio y exhaustivo, tiene, entre otros objetivos, demostrar la evolución de la vida en el hemisferio sur desde sus orígenes y profundizar el estudio de

> la porción de la corteza terrestre que forma la Améri-ca del Sur desde el punto de vista de su geografía y geología; el advenimiento y evolución de la vida en esta parte del planeta durante las eras geológicas y a través de las vicisitudes experimentadas por la tierra; las causas de la extinción y modificación de la flora y de la fauna; relaciones de esta flora y fauna con aque-llas de otras regiones, ya sean continentales o insula-res, la aparición del hombre en la Tierra; su historia primitiva; las comunidades a las cuales la Tierra dio origen y su desaparición; aquellos que emigraron; la conquista de los europeos; los cambios producidos en el hombre y en el país debido a la influencia de la mezcla de razas y el progreso de la ciencia; la consti-tución de las naciones libres; las bases que poseen para su desenvolvimiento; finalmente, su posición frente a la humanidad en general.

La función del Museo, que "si no es de los primeros del mundo va en camino de serlo", trascenderá su presta-ción específica: en 1887, Moreno envía a los Andes pata-gónicos una expedición y, seguidamente, incorpora las secciones topográfica y geológica para completar los estudios geográficos, geológicos y cartográficos que se presentarán en la reunión de los peritos encargados de supervisar la demarcación de la frontera, en Santiago de Chile.

En realidad, Moreno concibe esa institución como un centro de formación y de enseñanza y convoca, tomando el ejemplo de Rivadavia y Sarmiento, a consagrados científicos e investigadores extranjeros en paleontología, arqueología, geografía, zoología y botánica.

La producción intelectual del Museo es valorada por la sorprendida ciencia europea. En 1889, el célebre naturalista norteamericano H. Ward afirma:

> Ningún museo de Europa y Estados Unidos puede compararse al platense en mamíferos fósiles. Tan sorprendido estuve en mi primera visita al museo, que me pareció un sueño al que me había entregado saboreando las delicias de fantásticas visiones. Sólo después de repetidas visitas pude convencerme de que todo aquello era, en efecto, una realidad.

El extenso alcance del proyecto del director-fundador del Museo de La Plata no acaba en la ciencia. En Moreno coexisten el científico y el estadista. De este modo, promueve el conocimiento de la totalidad del suelo argentino como poder económico y todo aquello que contribuya a mantener su integridad territorial. Organiza y envía expediciones para que efectúen investigaciones ordenadas y efectivas, como contribución del Museo para el establecimiento de un perfecto equilibrio en los elementos de producción y población sin cuyo logro, la República no adquirirá fuerza económica y política, y no debe quedar estacionaria, ni contentarse con su fama de rica... no poca parte del progreso de la Argentina es ficticio, sólo se mueve en ella lo que está inmediato a los puertos, que pueden considerarse como pedazos de Europa, y que con raras excepciones, se abandona al interior, desequilibrándose el país cada vez más como Nación, dificultando su coherencia social y política.

Como discípulo de Sarmiento, Moreno también cifra sus mayores esperanzas en la educación. Ante los prejuicios y cierta resistencia ante el progreso, o la falta de comprensión general de los objetivos que concurren al beneficio de la sociedad, repite su frase preferida: "Eso lo convencerá a usted de la necesidad de educar al pueblo".

Al término de los detallados estudios sobre el territorio austral, reunidos en la Sección Exploraciones del Museo, expresará Moreno:

Con la población de la Patagonia habrá armonía en los elementos que constituyen la Nación, y por lo tanto, grandeza para ésta, y como para poblar esos territorios tan ricos como abandonados hoy sólo se requiere un poco de buena voluntad y de atención por parte de los poderes públicos...

Pero también destaca que la región patagónica se presta admirablemente para la colonización y es óptima para la proliferación de centros productivos de primer orden, siempre que cese la distribución arbitraria, especulativa y monopólica de la tierra pública.

Durante mayo y junio de 1899, Francisco P. Moreno brinda varias conferencias en Italia, Francia y en la Royal Geographical Society de Londres, presentado por el Mayor Darwin, hijo del naturalista Charles Darwin. Los auditorios aprecian que el disertante sea el especialista de mayor solvencia científica acerca de la Patagonia, lo cual le otorga a Moreno un mérito y respeto excepcional, a tal punto que es nombrado miembro correspondiente de aquella Sociedad, como también lo fuera en las respectivas academias de Italia y Francia.

Las conferencias son ilustradas con sesenta y cinco proyecciones fotográficas que Moreno mismo captó durante sus exploraciones; la cantidad y calidad de sus fotografías convierten a su archivo en uno de los más importantes del mundo. En una carta a Roca, le comunica:

La Sociedad Real, que es la más alta institución científica de Inglaterra, acaba de pedirme que exponga en la reunión pública anual las fotografías grandes que den mejor idea de lo que es Patagonia, para lo cual dispondré de quinientos pies cuadrados o más si es necesario. Los paisajes patagónicos están llamando mucho la atención... En cuanto a los territorios patagónicos allí pueden hacerse maravillas... Necesitamos hacer conocer el país en todo sentido. No tenemos aún el puesto que nos corresponde como nación americana y es un deber nuestro tratar de conseguirlo.

El litigio por la demarcación fronteriza

La preocupación por los límites territoriales, la soberanía nacional y la "cuestión internacional" que manifiesta Francisco Pascacio Moreno fue compartida tiempo atrás por otros hombres de América, quienes incluyeron

entre sus objetivos dirimir las diferencias referentes a las fronteras entre países y ocuparse del poblamiento de los territorios.

Así, en 1841, desde su bucólico retiro en Montalván, Perú, Bernardo O'Higgins le escribía a un amigo, anticipándole que volvería a Chile con el propósito de recomendar la colonización del Estrecho de Magallanes

...así como otras medidas calculadas a implantar las ventajas de la civilización a los pobres desamparados habitantes salvajes de la Tierra del Fuego y de la Patagonia occidental, cuyo miserable y desgraciado estado es un borrón sobre la cristiandad y sobre mi país en especial.

Preparativos y distribución de tareas para el trazado del límite fronterizo, al iniciar la jornada.

138

Entre las "medidas calculadas" se proponía un servicio regular de remolcadores a vapor, para facilitar a los veleros el cruce del Estrecho de Magallanes. En tanto, el gobierno argentino —según Aquiles D. Ygobone— "se desentendía en aquella época de tan vitales cuestiones en las que estaba en juego nuestra soberanía e integridad territorial".

En efecto, Juan Manuel de Rosas, en 1833, contemplaba la conveniencia de ocupar la línea de los ríos Colorado y Negro y establecer un cuartel general en la laguna de las Salinas. Refiere Ygobone que

para ejecutar ese plan Rosas no se sentía suficientemente fuerte y desconfiando de los gobernadores de provincia, solicitó ayuda militar al gobierno de Chile, ofreciéndole en cambio todo el territorio de Neuquén.

En el Archivo General de la Nación (Sala 5, anaquel 5, Nº 4) existe la nota que con fecha 6 de abril de 1833, dirigió el ministro interino de Relaciones Exteriores Dr. Vicente Maza al titular chileno de esa cartera, en la que puede leerse lo siguiente:

...sería convenientísimo al más favorable y breve éxito, que Chile anticipase al mes de diciembre su cooperación lo más posible que el tiempo diese, internando su fuerza hasta los ríos Neuquén y Negro, pues que por ese tiempo deben obrar por ellos los de esta República.

Agrega Ygobone:

Sensible resulta comprobar hasta qué extremo pudo llegar un gobernante argentino que de este modo traicionaba a su propia patria... Rosas, habiendo emprendido su marcha del desierto, al llegar al punto de antemano fijado para el enlace de las fuerzas argentinas y chilenas, debió detenerse en la confluencia, ya que por fortuna para la posteridad, una revolución estalla en Chile... impidiendo a tiempo que las fuerzas chilenas atravesaran la frontera y ocuparan nuestro territorio de Neuquén [y de] nuestros ricos territorios colindantes del sur.

El gobierno de Chile, mientras tanto, seguía empeñado en radicar una población estable en el estrecho; a tal efecto, arribó allí la goleta de guerra *Ancud*, al mando del capitán Juan Williams, y tomó posesión del estrecho, izando la bandera chilena y disparando una salva de veintiún cañonazos. Desde ese momento, el aciago nombre de Puerto Hambre se transformó en "Fuerte Bulnes", en homenaje al presidente del país.

Chile se mantuvo en el estrecho y la Argentina no ejerció ninguna presión. En 1856 ambos países acordaron provisionalmente reconocer como límites de sus respectivos territorios los que poseían al tiempo de separarse de la dominación española, en 1810, y convinieron en aplazar las cuestiones que pudieran suscitarse sobre esa materia para dilucidarlas después pacífica y amigablemente sin recurrir jamás a medidas violentas.

A fines de 1888, el ministro de Relaciones Exteriores Norberto Quirno Costa ofrece a Francisco P. Moreno

Julio A. Roca,
y la cuestión de límites
de la Puna de Atacama.

**El arbitraje
fronterizo,**
el imperio
británico tira de
dos líneas de
pesca: la argentina
y la chilena.

**Julio A. Roca
y Quirno Costa.**
A fines de 1888,
Quirno Costa le
ofreció a Moreno el
peritaje de los límites
con Chile. Caricatura
de Manuel Mayol.

**Dibujos en las portadas de *Caras y Caretas*, referidas a los
problemas de los límites territoriales.**

el cargo de Perito Argentino para representar a la Argentina en la demarcación de límites, ofrecimiento que Moreno declina

> por no considerarme con expectabilidad suficientemente aproximada a la del personaje Chileno [Diego Barros Arana] que debía ser mi colega, requisito indispensable desde que los peritos tendrían que afrontar tareas de tan alta trascendencia y de tan grandes responsabilidades.

Moreno tiene entonces 36 años de edad.

Es designado en su lugar el ingeniero Octavio Pico, quien fallece tiempo después, siendo reemplazado por pocas semanas por Valentín Virasoro, a la vez sustituido por Norberto Quirno Costa, quien, al igual que los peritos argentinos que lo precedieron no logra avanzar en las negociaciones por cuanto Barros Arana, el perito chileno, mantiene posiciones irreductibles.

Chile quiere imponer la tesis del *divortium acquarum* continental, lo que significa para Argentina la pérdida de extensos territorios al este de las altas cumbres:

> Se entiende por línea de las cumbres más elevadas a los efectos del Tratado, aquella que corre sobre las mayores alturas del cuerpo orgánico que forma el espinazo de la cordillera...

En 1895 Moreno dirige una importante expedición al Sur que aporta a la cartografía de esa región, todavía incompleta, estudios científicos concluyentes. Simultáneamente, traza un detallado análisis de los recursos naturales y la proyección de una red ferroviaria en la que años después se basará el colosal programa de Ezequiel Ramos Mejía, ministro de Obras Públicas, con quien trabajarán el geólogo norteamericano Bailey Willis y Emilio Frey, el más íntimo colaborador de Moreno.

Los funcionarios argentinos que llevan adelante las negociaciones con Chile no conocen el territorio nacional en profundidad, mucho menos el austral. Por lo tanto, ninguno puede compararse a Moreno en convicciones y conocimientos, apoltronados en la función pública y en la carrera política, sin los proyectos que inspiran a aquél en la afirmación de los intereses nacionales y la construcción de un país moderno. Moreno, continuando a Sarmiento, tiene como modelo a la poderosa potencia agroindustrial norteamericana y no se conforma con un país deshabitado, sin colonizar, sin industrias ni minería, sin ferrocarriles ni un efectivo sistema de educación desde el nivel inferior hasta el superior.

Bernardo de Irigoyen, desde el órgano rosista *La Ilustración Argentina*, se apoyó en la tesis sarmientista, circunscribiendo el diferendo a la línea cordillerana.

"Motivo de asombro resulta para los viajeros pensantes la incoherencia de las resoluciones oficiales" en relación con la abulia para establecer núcleos productivos en diferentes puntos del territorio patagónico. Y contrastaba: "¡Esto es lo que hay de saliente en aquellas tierras similares a las colosalmente productivas de California y otras del Oeste de Estados Unidos!"

Así, y de manera inevitable, recaen finalmente en Moreno las negociaciones por el trazado fronterizo, con el consenso de Buenos Aires. Esta vez acepta la designación como perito porque entiende que se trata de los intereses del país. Concluida la expedición, viaja a Chile y se reúne con Barros Arana y otros miembros del gobierno, tratando de persuadirlos para suscribir un pronto acuerdo y posibilitar fructíferas perspectivas económicas para ambos países.

Los chilenos respetan su saber científico, en tanto Moreno subraya la falta de conocimientos exactos de la geografía en los dos lados de la cordillera. Aboga por el respeto de "la condición geográfica de la demarcación", y por considerar al trazar la línea divisoria el encadenamiento principal de los Andes; dentro de él es donde se halla la división de las aguas locales de la cordillera.

Las negociaciones son arduas, trabadas; ninguno de los trazados propuestos por los peritos es aceptado integralmente. Moreno y Barros Arana sólo se manifiestan conformes con la señalización de trescientos tres hitos en la extensión fronteriza de dos mil doscientos kilómetros.

Mientras Moreno sostiene que su línea es la de las más altas cumbres que dividen las aguas que corren en-

Una de las comisiones de límites en plena tarea de reconocimiento.

tre las vertientes que se desprenden a un lado y el otro, Barros Arana sostiene que los hitos están colocados en el divorcio continental de las aguas. En esa instancia, la demarcación de límites en la Puna de Atacama origina una crisis grave en la labor de ambos peritos. Finalmente, esta diferencia es la que conducirá al arbitraje.

El Perito Moreno le comunica a su colega chileno que no reanudará las reuniones mientras la línea no sea trazada dentro de la Cordillera de los Andes, que es el límite inconmovible que separa la República Argentina de la de Chile.

Por iniciativa propia, decidido a resolver el litigio, gestiona la entrevista entre el presidente de Chile, Federico Errázuriz, y el presidente Julio A. Roca, que se realiza el 15 de febrero de 1899, en el Estrecho de Magallanes. Se efectúan reuniones de gala, actos, banquetes ofrecidos recíprocamente por los presidentes, y almuerzos y cenas de camaradería entre las tripulaciones de los buques de guerra de ambos países, que transportaron a las respectivas autoridades. Realmente, el clima es de franca cordialidad, y aunque la entrevista de los dos mandatarios no resuelve la cuestión de fondo, descomprime las tensiones y frena a los belicistas que buscan la solución del litigio mediante un enfrentamiento armado.

El presidente chileno trató de persuadir a los suyos con estas palabras:

—Bien, señores: supongamos que el valor proverbial del soldado chileno nos traiga la victoria. Y... ¿después?... quedará un odio inextinguible que imposibilitará toda convivencia, porque vivirá alimentándose con la ilusión de la represalia.

Sin embargo, dos años después fallece Errázuris y la situación vuelve a complicarse. El embajador argentino Epifanio Portela protesta oficialmente porque Chile comenzó la construcción de caminos en tierras de jurisdicción argentina pretextando misiones de exploración. Luego de ásperas negociaciones, se establece un acuerdo por el que las partes aceptan que ese tipo de incursiones no implican derechos posesorios. Redactado el acuerdo, el embajador Portela lo firma sin leerlo y no advierte las modificaciones ventajosas para Chile que su canciller Adolfo Ibáñez introdujo subrepticiamente en el texto.

El gobierno argentino protesta y exige la corrección del texto y como no obtiene una inmediata rectificación, dispone el retiro del embajador.

Tiempo atrás, Adolfo Ibáñez, exaltado ultranacionalista, ya había dado signos de su procedimiento capcioso cuando adjudicó a la autoría de Sarmiento unos artículos anónimos publicados en el diario chileno El Progreso. El ingeniero Salvador San Martín denunció que esa actitud maliciosa dio lugar "al más grande equívoco que se ha difundido por doquier" acerca del pensamiento de Sarmiento sobre los derechos chilenos frente al dominio de la Patagonia. Y destacó:

> El propio Bernardo de Irigoyen, que fuera su oponente desde el órgano rosista La Ilustración Argentina, siendo ministro de Avellaneda se apoya en la tesis sarmientina, excluyendo totalmente a la Patagonia de toda controversia, circunscribiendo el diferendo a la línea cordillerana.

El ministro de Guerra, de acuerdo con Roca, encara el decreto de movilización y no quiere dilatar los preparativos bélicos porque tiene presente que Chile, en el conflicto con Bolivia, primero invadió y luego declaró la guerra. El presidente argentino advierte: "Hacemos una paz honrosa o la guerra como es debido".

En la víspera de la Navidad de 1901, Roca tiene ante sí el decreto de movilización, virtual declaración de guerra. Al día siguiente, el embajador de Chile, dejando de lado el protocolo, entra a la Casa de Gobierno y, al pasar por un recinto donde jefes militares planifican sobre un amplio mapa, les dice:

—Señores, ya pueden ustedes enrollar sus mapas.

Traía consigo el comunicado de su gobierno, reconociendo un "error de copia", en el tratado que habían firmado Portela e Ibáñez.

El 28 de mayo de 1902 se suscriben los Pactos de Mayo, reafirmando el tratado de 1881, comprometiéndose ambos países a renunciar al expansionismo territorial y sometiendo a un arbitraje las diferencias pendientes, cuando no fuera posible lograr un acuerdo entre las partes, arbitraje que sería solicitado a Gran Bretaña.

La frontera está allá arriba, en la cordillera nevada

El gobierno británico designa en representación del tribunal arbitral al militar y geógrafo coronel Thomas Hungerford Holdich, quien deberá viajar a la Argentina y efectuar "sobre el terreno" el relevamiento de la zona en disputa.

Moreno, que había cumplido en Londres una exhaustiva labor de asesoramiento geográfico para el ministro argentino, también dispone su regreso al país.

El coronel Holdich cuenta con tres meses para reunir los elementos que evaluará el tribunal arbitral. Por lo tanto, se traslada sin demora a la cordillera y recorre la región desde el lago Lacar hasta el seno de Última Esperanza.

En el corto lapso estipulado para el reconocimiento, tiene que efectuar una labor agotadora desplazándose por fragosas cumbres, desfiladeros abruptos, pendientes escarpadas e inclementes páramos, soportando furiosos vientos y temperaturas implacables. El comisionado Holdich y sus ayudantes reconocen que una tarea de esa envergadura, recorrer una región tan inabordable en tan breve tiempo, sólo puede llevarse a cabo por la participación del Perito Moreno, realmente el único conocedor absoluto de la zona en litigio. Holdich deja constancia documentada de su eficiente desempeño.

De regreso en Londres el comisionado entrega su informe al Tribunal de Arbitraje, del que también es miembro. Moreno, a su vez, se traslada a esa ciudad para seguir de cerca el curso de las evaluaciones, asesora al embajador argentino y explica o aclara detalles que resultan confusos al Tribunal. Está alerta, dispuesto, interesado en una solución definitiva al litigio que lleva sesenta años sin dirimirse. Los litigantes solicitan de común acuerdo el nom-

El ingeniero danés Ludovico von Platen, jefe de la 9ª Comisión de Límites, realizó una dura tarea al frente de un grupo de escandinavos, entre quienes estaba Andreas Madsen.

bramiento de una comisión especial, por sugerencia de Moreno, para que se determine *in situ* "los deslindes que establezca su sentencia". De esa manera queda eliminado *a priori* cualquier inconveniente o discusión.

La comisión es dirigida por el coronel Holdich y como ayudantes la integran los capitanes R. S. Dickson, R. E. Thompson, R. E. Robertson y R. S. Crosthwait. El 20 de noviembre de 1902 el rey Eduardo VII firma el laudo arbitral que eleva el Tribunal, y entra inmediatamente en vigor.

Holdich y sus ayudantes viajan a Buenos Aires y lo mismo hace Moreno junto con su secretario, Clemente Onelli. Ni bien desembarcan organizan cuatro comisiones, cada una a cargo de un capitán británico, y se dirigen a los Andes patagónicos para empezar la labor. El coronel Holdich solicita a la Cancillería argentina la cesión de técnicos para colaborar con los capitanes británicos, siendo designados: Emilio E. Frey, C. Bulgarelli, E. Soot, Juan Moreteau, A. Guglielmetti, Ludovico von Platten, U. Greiner, L. E. Terrero, John Hogberg y E. Stegmann.

Preocupa a Moreno la ausencia de habitantes del lado argentino y urde algunos acuerdos para retener o radicar pobladores en zonas remotas. Lo mismo había ocurrido con Piedra Buena, quien forzaba situaciones para ubicar aquí o allá, en ese vasto territorio despoblado, a colonos que luego desertaban abatidos por la soledad, el clima implacable y hasta la ruina económica.

El despliegue de Moreno en la defensa de los intereses argentinos, su talento y solvencia científica, sus dotes superiores de geógrafo y explorador son decisivos en la sentencia arbitral que preservará para el país cuaren-

Clemente Onelli, colaborador de Moreno, se desempeñó con notable eficacia en la ardua demarcación de límites fronterizos en las cumbres andinas.

ta y dos mil kilómetros cuadrados de territorio. Los equipos de científicos, técnicos y exploradores que lo secundan son seleccionados por él, en mérito a su capacidad intelectual y técnica y por su disposición a afrontar todo tipo de sacrificios, debiéndose lamentar, incluso, pérdidas de vidas. Eran hombres, según Clemente Onelli, educados "en la escuela austera de las privaciones y de los peligros… un grupo de hombres elegidos". Y añade:

La frontera está allá arriba, en la cordillera nevada donde los desfiladeros se angostan, los árboles corpulentos se vuelven enanos, las malezas y las espinas detienen la marcha, el suelo destila agua

Los hermanos Lively y el "doctor", curandero mapuche,
núcleo de "colonos argentinos" que habitaba junto al lago San
Martín, según constó en el informe que los capitanes británicos
Robertson y Thompson elevaron al Tribunal de Arbitraje.

como una esponja empapada, las mulas vuelven al
bajo a descansar, ahora es el hombre el que carga
en sus espaldas los trescientos kilos del hito de
hierro desarmado, los instrumentos y los víveres y,
machete en mano, abre camino hacia la cumbre.

Tanto Onelli como Moreno intentan convencer al
aventurero inglés Gerald Lively para que se radique jun-

to al lago San Martín, preocupados porque allí sólo hay pobladores chilenos, circunstancia que favorece el desplazamiento de una comisión de ingenieros enviada oficialmente por el gobierno de Chile, y que reclama la totalidad del lago. El inglés, que había luchado en la guerra anglo-bóer, estaba establecido con sus hermanos Hugh Robert y Joseph Percy en Tres Pasos, Última Esperanza. Conocía ampliamente esa región, que solía recorrer cazando, por lo cual fueron requeridos sus servicios como baquiano por los oficiales ingleses a las órdenes de Holdich, para reconocer la zona.

El Perito Moreno garantiza a Lively, quien no se hallaba a gusto en Última Esperanza, que si esa región era reconocida como territorio argentino, él y su familia tendrían la propiedad de las tierras que ocuparen. El inglés, que cuenta con la confianza de los capitanes Thompson y Robertson por su eficiente desempeño como baquiano, se entera por éstos de que la ausencia de argentinos en esos lugares pone en riesgo los reclamos del país.

Los hermanos aceptan la propuesta y arrean su hacienda a través de setecientos kilómetros para radicarse en la margen sur del lago. Sin duda, influyó en la decisión la gran estima que Gerald Lively tiene por Moreno, quien finalmente se siente aliviado porque ése es uno de los puntos más susceptibles para el arbitraje, dado que el gobierno argentino ha abandonado ese paraje por la falta de pobladores, en tanto que los chilenos, en los últimos años, han desarrollado una intensa labor topográfica, aplicando una profusa toponimia a montes, arroyos, pasos y parajes.

Así, mediante una súbita determinación de Moreno,

los Lively se convierten en ciudadanos argentinos (serán los propietarios originales de la estancia Maipú), junto con un pintoresco mapuche llamado "el doctor". El grupo es registrado en un testimonio fotográfico que se adjunta al informe de la Comisión de Límites presentado por los capitanes Robertson y Thompson, dejando constancia que en la costa sur del lago San Martín están asentados "colonos argentinos".

Luego prosiguen el relevamiento hasta el lago Argentino, suben el monte Frías (1080 m), hacen mediciones y Gerald Lively anota en su diario: "Robertson dijo a los chilenos que sus mapas de nada sirven".

Cruzan el río Leona, recorren el borde oriental del Viedma y llegan al valle del Chalía, donde deben soportar un intenso frío. Acampan junto al lago Tar para actualizar los mapas, registrar apuntes y hacer trabajos de plancheta. Divisan una bandera blanca con un mensaje de Onelli, al pie, informándoles que en la costa Este del lago San Martín deja almacenadas las provisiones.

De todos modos, los hombres toman sus recaudos y pasan gran parte del tiempo divirtiéndose con la caza de guanacos, avestruces, pumas y huemules. Un día, junto al arroyo Calafate, Lively observa a dos novillos pastando mansamente; al rato oye disparos y supone que pertenecen a los ingleses. Son ellos, justamente, acompañados por el ingeniero argentino Álvarez, que van a su encuentro, excitados, gritando que le han dado a "dos toros alzados" y que uno tiene una campana colgando del cuello. En realidad, los animales pertenecen al colono alemán Santiago Frank, quien se presenta luego en el campamento y ve a los novillos carneados y colgando de los ganchos. Al enterarse de quiénes son los forasteros y qué hacen, opta por desistir de cualquier reclamo y se limita a recuperar el cencerro y a participar del asado.

La Comisión avanza hacia el lago Belgrano y efectúa intensos trabajos topográficos en lo que Gerald Lively calificó como "un escenario imponente", cuya observación era

> como hojear las páginas de un gran álbum de las edades pasadas. Con buen tiempo la vida no puede ser más agradable y los dos capitanes [Robertson y Thompson] están sentados frente a un enorme fuego de troncos, saboreando toddy caliente luego de un banquete de cinco servicios... y después contarán, a la vuelta, en Londres, sus penurias entre los Andes.

Lively también anotará en su diario:

> Lástima que el gobierno argentino no se ocupe de estas tierras donde caben millones de animales, y un ferrocarril Norte-Sur al pie de los contrafuertes cordilleranos que abra todos los valles andinos.

Finalmente, el coronel Holdich dictamina la división del lago San Martín, correspondiendo una parte a la Argentina y la otra a Chile, dado que desagua al Atlántico y al Pacífico. El límite trazado cruza la mitad de algunos de sus brazos que descienden de glaciares. Se convierte en un lago binacional, llamado San Martín del lado argentino y O'Higgins del lado chileno.

En la instalación del hito 62, al sur del lago San Martín, cuyo veedor es el capitán R. E. Crosthwait, en cambio, la tarea no tendrá un final apacible, por el contrario, estará muy cerca de terminar en una tragedia.

En esa Comisión participa el geógrafo y agrimensor noruego Teodoro Arneberg, contratado por Moreno, como así también el jefe del equipo argentino, el marino sueco John Hogberg, quien salvó la vida de Arneberg disparándole un tiro a un puma que antes de caer muerto le había mordido al geógrafo el mentón, destrozándole el labio inferior y rompiéndole algunos dientes.

Integran la Comisión, entre otros, el legendario Andreas Madsen, quien expresará que la colocación de este hito constituyó una brava aventura. En efecto, cuando atraviesan el canal Chacabuco, un pasaje muy riesgoso del lago, la sobrecarga del cúter que los transporta casi provoca un naufragio. Acampan en el río Rosa donde se demoran más de lo calculado; no llevan consigo ni frazadas ni comida. La noche cae antes de lo previsto y deben permanecer alrededor del fuego "contándonos cuentos para engañar el hambre".

Al día siguiente, los sorprende un impresionante espectáculo: al oeste arde el bosque atizado por un viento de cien kilómetros por hora. "Alguna brasa de nuestro fogón —apuntará Madsen— había quedado sin duda encendida y con el viento se había incendiado el bosque."

Hogberg ordena partir de inmediato, disposición que objeta Crosthwait, alegando la tremenda violencia del temporal y lo peligroso que sería navegar en el lago con mal tiempo, a lo que aquél responde que prefiere morir ahogado y no quemado vivo.

Levantan el ancla e izan las velas, sin dejar de echar baldes de agua en la cubierta y sobre las velas para apagar los tizones ardientes que esparce el furioso viento.

Si la anterior travesía del canal Chacabuco había sido una pesadilla, por la intensidad de las trombas, ésta es peor, admite Madsen. Todo el mundo colabora de una manera u otra, con excepción del capitán Crosthwait que permanece sentado como

una estatua, algo pálido, pero manteniendo la calma... La frágil embarcación tuvo en el capitán Hogberg a un temerario e insuperable timonel.

Cuando llegan al campamento, en Bahía de la Lancha, Crosthwait sale de su mutismo, y quizá porque la mayoría de la tripulación es escandinava, expresó:

Yo he viajado mucho, pero hoy he visto por primera vez algo como posiblemente sólo lo hayan contemplado y experimentado los vikingos en sus famosos viajes. Nunca hubiera creído que esta embarcación de listones y lona podrida resistiría semejante temporal.

Estrecha la mano a los hombres, uno por uno, felicitándolos, luego va hasta su carpa y regresa con una botella de whisky para brindar por lo que califica de "una verdadera resurrección".

En río Corintos, paraje cercano a Trevellín, funciona una escuela rural en la que el 30 de abril de 1902 se congrega la población galesa para decidir, a solicitud del delegado del árbitro coronel Holdich, a qué bandera se acogerán (argentina o chilena). Está presente el Perito Moreno, "con los ojos humedecidos", según la crónica, cuando los pobladores responden "bajo la bandera argentina".

El laudo arbitral del rey Eduardo VII —cuya introducción expresaba: "Nos, Eduardo por la gracia de Dios, Rey del Reino Unido de la Gran Bretaña e Irlanda y de los Dominios británicos de ultramar, defensor de la fe, Emperador de la India, etcétera"— convalida la propiedad argentina de cuarenta y dos mil kilómetros cuadrados de tierras que el perito chileno había adjudicado indebidamente a su país; en ellos quedan comprendidas la Colonia 16 de Octubre y la cuenca del lago Lácar, además de otras zonas.

De este modo, Moreno logra consagrar la doctrina de "las más altas cumbres que dividen las aguas" por cuanto es la cordillera el trazado notable y real del terreno y sigue de un extremo al otro el límite fijado por el árbitro. Además, los profundos y concluyentes estudios y reconocimientos científicos de Moreno resultaron irrebatibles. El coronel Holdich lo destaca:

> El doctor Moreno ha desplegado en la defensa del derecho de la República Argentina todas las facultades notables que posee: la actividad mental y física, sus vastos conocimientos científicos, la práctica de la cordillera, que conoce como pocos, un ardor y un patriotismo que le dan derecho a la gratitud de sus conciudadanos.

En una carta dirigida a Moreno, reitera Holdich:

He afirmado repetidas veces que todo lo que obtenga el Gobierno Argentino al Oeste de la división de aguas continental se deberá exclusivamente a usted.

Por su parte, Moreno explica:

El resultado final de los trabajos que he hecho personalmente o he dirigido, ha traído el rechazo de la mayor parte de la línea que el perito chileno sostenía amparado por la vaguedad de los convenios y la ignorancia de las condiciones del terreno. El límite en la división continental de las aguas hubiera traído a Chile lejos al este del pie oriental de los Andes y hubiera sido una línea contra natura y fuente de perpetuas y graves dificultades... A este resultado

El marino sueco John Hogberg, eficiente integrante de una comisión argentina, con un certero disparo abatió a un puma que se abalanzó sobre el geógrafo noruego Teodoro Arneberg, causándole serias heridas en la cara. Y como timonel, pudo evitar en el lago San Martín, el hundimiento de una frágil embarcación durante una furiosa tormenta, llevando a bordo al equipo de expertos que operaba en la zona.

se ha llegado, en buena parte, porque como se ha visto, para sostener el derecho argentino me apoyé siempre en la misma Naturaleza.

Colaboraron con Moreno talentosos y eficientes científicos y técnicos como Rolf Hauthal, Clemente Onelli, Emilio Frey, Ludovico von Platen, Enrique Wolff, Carlos Zwilmeyer, Elmar Soot, Adolfo Schiorbech, Gerardo Lange, Teodoro Arneberg, Juan Moreteau, John Hogberg, Juan Waag, Julio Koslowsky, Juan Kastrupp y Santiago Roth.

En *Problemas hidrográficos en los Andes Australes*, José María Sobral, al evaluar la enorme tarea de décadas, plenas de sacrificios y peligros físicos y de profundas y responsables investigaciones en la Patagonia, expresa:

> Moreno, con sus comisiones de límites, prestó sobresalientes servicios al país, y se puede afirmar, sin temor de exagerar, que fue uno de los argentinos más eminentes de todas las épocas.

La supuesta "travesura" del río Fénix

Clemente Onelli, secretario del Perito Moreno, pronuncia unas palabras que no serán correctamente interpretadas:

> ...sobre el río Fénix, donde en el año 1898 siguiendo instrucciones del Perito Moreno desviamos el curso de ese río que desaguaba en el lago Buenos Aires, haciéndolo correr como afluente del río Deseado. Quedé un rato contemplando la obra que los años y las inundaciones habían completado

Rodolfo Hauthal, naturalista convocado por Moreno, participó en la demarcación de límites, realizó arduas exploraciones con fines científicos y, como deportista, intervino en riesgosas incursiones en los Andes patagónicos.

abriendo más caudaloso lecho, recordé los once días de trabajo febril con la manos llagadas por el uso de la pala, recordé que se debía terminar esa prueba de la teoría de Moreno para el día en que pasase por allí el perito chileno. (…) El día en que el gobierno corrija un tanto la entrada del Fénix al río Deseado, la obra imaginada por Moreno dará también riego y vida a unos cuantos millones de hectáreas de campos resecos.

Este desvío fue calificado desde una "travesura" hasta un "robo" del río Fénix, que según algunas versiones correspondía a la jurisdicción chilena. Eduardo V.

Moreno, hijo del Perito Moreno, dio a conocer, "llegada la necesidad", según una cláusula testamentaria, la fundamentación de su padre:

> Este río [el Fénix] da mil vueltas según los caprichos de los montículos morenísticos, hacia el Sudoeste, para volver violentamente al Oeste a desaguar en el lago después de un curso de más de cincuenta kilómetros entre las morenas (láminas XXI, Fig. 2) presentándose así otro caso, y el más interesante de división de aguas. El río Fénix que corría antes permanentemente hacia el Atlántico, había sido interrumpido en su curso por uno de los fenómenos comunes entre los ríos que cruzan terrenos sueltos, principalmente glaciares. Un simple derrumbe de piedras sueltas ha desviado gran parte de su curso, llevándolo al lago cuyo desagüe desconozco, mientras que al Oriente corren aguas sólo durante las grandes crecientes en que resbala, produciéndose entonces una pequeña corriente sobre el viejo cauce, hoy casi relleno, pero en el que bastaría el esfuerzo de algunas horas de trabajo para que esas aguas volvieran a su dirección primitiva y corrieran todas hacia el río Deseado. Si hubiera dispuesto de tiempo, habría vuelto a ese cauce la antigua corriente, pues trabajos mayores ejecutan los "tomeros" en los ríos de San Juan y Mendoza, etc., para el riego de sus fincas.
>
> Así, al partir de Puerto Montt para Santiago, había entregado a mi auxiliar, señor Onelli, instrucciones para abrir la zanja "acequia" en el Río Fénix, de la que había hablado en Mayo de 1896 al señor Barros Arana [perito chileno] y en mi libro.
>
> Confiado en la seguridad de mi acción, en la completa verdad de sus resultados tan claros en todo senti-

Recorriendo el lago Traful en balsa.
Acompañan a Moreno los científicos Rodolfo Hauthal,
Elmar Soot y baquianos.

do, en la sensatez de mis procedimientos y en que
con éstos colocaba al fin la por demás larga contro-
versia en terreno despejado, con lo que obligaría a
mi colega a abandonar anteriores pretensiones de
llevar la cuestión de límites hacia otro terreno eriza-
do de peligros, a extremos que se creyeron evitados
con el tratado de 1881, protocolos de 1893 y acuerdos de 1896 y 1897, me despreocuparía de todo
cuanto no fuera hostilidad para mi libre desempeño,
por parte del señor Barros Arana o de su gobierno.

Bartolomé Mitre (amigo de Barros Arana, a quien le envió una carta recomendando al "joven científico" Francisco P. Moreno, en su finalmente frustrado viaje a Chile en 1875, por la oposición de Sayhueque) le escribe al perito argentino:

> En el litigio memorable de nuestros límites con Chile a usted corresponde la tarea de la iniciativa en las exploraciones sobre el terreno y el haber establecido su teoría trazándoles en el mapa y sosteniendo nuestros derechos ante la ciencia, ante el país, ante Chile y ante el árbitro desde el principio hasta el fin. Ésa es gloria suya que nadie puede desconocerle.

La vuelta del río Fénix a su cauce primitivo significó para la Argentina la conservación de dieciséis mil kilómetros cuadrados de su territorio.

Durante su estadía en Chile en 1896, Moreno, en sus conversaciones con el perito chileno Barros Arana y otros importantes miembros del gobierno chileno, fomenta un entendimiento "pacífico y honroso", al que sólo se oponen los cerrados ultranacionalistas. Reitera que las dificultades surgen a veces por la falta de un conocimiento preciso de la geografía a ambos lados de la cordillera y sostiene "la condición geográfica de la demarcación".

Fundador de Parques Nacionales

El primer parque nacional en el mundo fue el de Yellowstone, fundado en 1872 por el gobierno de Estados Unidos; el segundo parque fue el Banff, creado en 1885 por el gobierno de Canadá. Del tercero se encargará Francisco Pascacio Moreno.

En 1903, dona tres leguas de las tierras con que la Nación compensó su labor en la demarcación de límites con Chile. El artículo primero de la ley 4.192 promulgada el 2 de agosto de ese año expresa que la cesión se otorgó "como recompensa extraordinaria por sus servicios y en mérito a que durante veintidós años ellos han sido de carácter gratuito".

Sin embargo, esta "recompensa extraordinaria" no estuvo exenta de sinsabores. Cuando se debate la ley que gratificará a Moreno con las veinticinco leguas, hay legisladores que se oponen airadamente a esa donación. Por ejemplo, el diputado Pastor Lacasa alega que "Moreno estaba en perfectas condiciones de salud, por tanto era prematuro otorgarle ese beneficio".

En cambio, sin discusiones, vota a favor de la donación de veinte leguas al general Roca "como recompensa por sus servicios". También se opone el diputado Juan A. Argerich, a quien replica Alejandro Carbó, que luego de una encendida defensa de Moreno, termina diciendo "no creo que de todos los trabajadores haya una figura que se destaque tanto como la de Francisco Moreno".

De todos modos, Moreno no obtendrá ni un metro cuadrado de esa "recompensa" Después de haberse desprendido de tres leguas en la mejor región de los lagos andinos, Moreno, quien en la demarcación de límites fronterizos preservó para la Argentina mil ochocientas leguas, jamás podrá ubicar las veintidós restantes que le corresponden porque el Departamento de Tierras, con excusas y pretextos, dilata el expediente iniciado, obstaculizando su trámite pues "afectaba intereses de los terratenientes acaparadores". Dos años más tarde, dándolas por perdidas, Moreno malvende a esos te-

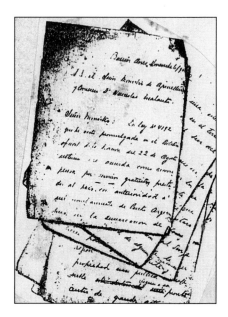

Borrador de la nota en la cual Moreno donaba las tierras para la creación del Parque Nahuel Huapi, escrito de su puño y letra, en lápiz.

rratenientes las acciones y derechos por doscientos mil pesos, toda su fortuna en 1905, que invierte en las Escuelas Patrias, su fundación benéfica.

Después de la guerra contra el indio, los gobiernos favorecen a parientes, amigos y protegidos con la adjudicación de extensiones fiscales; en general, se concibe la propiedad de la tierra con un criterio especulativo. Es de imaginar, entonces, el estupor que suscita la donación de Moreno. No faltan políticos y funcionarios encumbrados que no alcanzan a explicarse en qué consiste y cuál es la finalidad de un parque natural.

Seguramente no perciben el simbolismo de una cesión cuyo donante, indignado, escribe: "las tierras otorgadas a granel a potentados de la bolsa... hace que decenas de leguas estén en poder de un solo afortunado". El ministro de Agricultura, Wenceslao Escalante, es sorprendido por la carta de Moreno:

> Cada vez que he visitado esa región [Nahuel Huapi], me he dicho que, convertida en propiedad pública inalienable, llegaría a ser pronto centro de grandes actividades intelectuales y sociales, y por lo tanto, excelente instrumento del progreso humano. Al hacer esta donación, emito el deseo de que la fisonomía actual del perímetro que abarca no sea alterada...

Recuerda Moreno en su carta que durante sus incursiones por la Patagonia aconsejó que la Nación conservara la propiedad de algunos lugares para el mayor provecho de las generaciones presentes y venideras, tal como se hizo en otros países (Estados Unidos y Canadá), que poseen soberbios parques naturales. Y como la ley le permite hacerse dueño de paisajes que le hicieron entrever

> la grandeza futura de tierras entonces ignoradas que nos eran disputadas pero que su conocimiento ha hecho argentinas para siempre, me es grato apresurarme a contribuir a la realización de ideales nacidos durante el desempeño de mis tareas en aquel medio.

Nadie puede impedirle, entonces, destinar esos "lugares" a la creación de un parque natural público. En consecuencia, invocando los términos de la ley solicita

> la ubicación de un área de tres leguas cuadradas en la región situada en el límite de los territorios del Neuquén y Río Negro, en el extremo Oeste del Fjord principal del lago Nahuel Huapi, con el fin de que sea conservado como parque natural y al efecto pido a V.E. que hecha esa ubicación se sirva aceptar la donación que hago a favor del país de esa área que comprende desde la laguna de los Cántaros inclusive, al Norte, hasta el Boquete Barros Arana al Sur teniendo por límite occidental la línea fronteriza con Chile en los boquetes de los Raulíes y Pérez Rosales, y oriental las serranías al Este de la Ensenada de Puerto Blest y de la laguna Frías, y contiene la reunión más interesante de bellezas naturales que he observado en Patagonia.

El área cedida incluye el paso Pérez Rosales, donde se instala la Aduana, que permanece abierta todo el año, aun cayendo nevadas intensas.

Francisco
Pascacio Moreno
fue, según Willis,
"una figura única en
los anales de la
Argentina".

Por supuesto, hay quienes desvalorizan la donación de Moreno. Sin ir más lejos, su nieta, Adela Moreno, escucha decir a un miembro del directorio de Parques Nacionales que Moreno dona esas leguas porque no valen nada. Dolida, se lo comentó a Sara Abraham, apreciada colaboradora de su abuelo, quien exclamó:

—¡Qué disparate, hija! En 1912, en una reunión con personalidades en la Quinta, tu abuelo les dijo: "Les he dado una llave y no se han dado cuenta".

¿Qué hubiera sido ese paso en manos de particulares y sin el control aduanero de las autoridades?, se pregunta la nieta, cuando descifra la respuesta y advierte en qué consiste la "llave".

¿Para qué sirven aquellas tierras? era la frase consagrada que escuché a no pocos de los que tenían

169

en sus manos la fortuna y aun la suerte de la patria
[Moreno alude al gobierno de Figueroa Alcorta],
gran parte de la región del este y norte de Nahuel
Huapi... pertenece a muy pocos dueños, que la
obtuvieron en su mayoría por vil precio y por condescendencia de los amigos en el gobierno.

Poco después de hacer entrega de las leguas para la
fundación del parque, Moreno le envía una copia de la
documentación al ministro chileno J. F. Vergara, con quien
lo une una amistad surgida durante los trabajos de la Comisión de Límites, pidiéndole que haga gestiones ante
su gobierno para que adjudique, con el mismo destino,
las tierras situadas al Este del lago Todos los Santos hasta la cumbre del Tronador y la línea fronteriza. La propuesta de Moreno estaba orientada a la creación de un
Parque Argentino-Chileno. Concluye su solicitud recor-
dándole: "Usted sabe por experiencia que la buena di-
plomacia es la que se hace al aire libre".

Recién en 1916, trece años después de la donación,
se nombra encargado de esta reserva destinada a la formación del Parque Nacional del Sur, a George Newbery,
un poblador de la zona, amigo de Moreno, quien acepta el cargo ad honorem.

Newbery, oriundo de Long Island, Nueva York, arribó a la Argentina en 1877 y se desempeñó como dentis-
ta en el consultorio de su hermano Ralph (padre del
aviador), radicado en Buenos Aires desde 1870. Luego
de contraer matrimonio con Fanny Bella Taylor, en 1891,
George se estableció en Nahuel Huapi, conoció a Francisco P. Moreno y coincidió con él en que la región debía

George Newbery, primitivo poblador de Nahuel Huapi y amigo de Moreno. Fue el primer encargado del parque donado por el Perito. Aceptó la designación ad honorem.

convertirse en un parque natural. Había proyectado un servicio de guardabosques particular y voluntario para prevenir y combatir los incendios. Además sembró salmones y truchas en varios ríos y contribuyó a fomentar la explotación maderera,

El Parque Nacional del Sur, cuando se crea la Dirección de Parques Nacionales en 1934, pasa a llamarse Nahuel Huapi. La ley respectiva está imbuida de las ideas de Francisco P. Moreno, y reafirma la necesidad de

Conservar la naturaleza de los parques nacionales y atraer hacia ellos la atención del país para su apreciación y estudio, estimulando su frecuentación, a fin de hacer sensible su alto valor espiritual con propósitos de recreación, educación popular e investigación científica.

Museos: los orígenes

En 1823 Rivadavia funda el Museo Público que se instala en el convento de Santo Domingo, y dispone de un gabinete de historia natural, laboratorios, y colecciones mineralógicas y numismática. Tres años después, crea el Departamento de Ingenieros arquitectos y organiza el de topografía y estadística.

El Museo de Buenos Aires, fundado por Rivadavia (y sumido en una total decadencia durante el período rosista), pasa en 1862 a ser dirigido por el naturalista Germán Burmeister y durante los treinta años que está bajo su conducción se convertirá en un valorado establecimiento científico, principalmente en paleontología, zoología y entomología.

El Museo Antropológico de Buenos Aires, fundado y dirigido por Moreno, es propuesto en el parlamento, por sugerencia del ministro de Gobierno de la provincia de Buenos Aires, Vicente G. Quesada, para constituir la base del que se proyectaba construir en La Plata. Quesada manifiesta

la conveniencia de la creación de un Museo de antigüedades americanas, para guardar en él las curiosidades arqueológicas y antropológicas que se descubran en nuestro territorio, todavía inexplorados,

y sugiere que su creación tome como base el que a título individual, y a favor de la ciencia, fundara Francisco P. Moreno.

Por supuesto, éste acepta complacido y dona todas sus colecciones al proyectado Museo de La Plata; el 17 de octubre de 1877 se acepta por ley la cesión de las mismas y el 13 de noviembre de ese año el gobierno provincial designa a Francisco P. Moreno, director "y único empleado" del Museo, a la vez que se solicita, hasta tanto se habilite el de La Plata, que se conserven las colecciones "por ahora y con arreglo a las condiciones de la donación, en el edificio propiedad de la familia del donante".

Es en el museo que aún funciona en su domicilio que un grupo de técnicos, bajo la dirección de Moreno, traza una carta geográfica y geognóstica

Tiempo después, Florentino Ameghino le escribe a Moreno para comentarle que está atravesando una difícil situación económica. Entonces, se lo convoca a trabajar en el Museo en calidad de secretario de Moreno y, a la vez, como subdirector. Además, a solicitud de Moreno, el Museo compra por dieciséis mil pesos la colección paleontológica de Ameghino.

Autodidacta también, Ameghino es ya un reputado paleontólogo y geólogo y mantiene correspondencia con Darwin y otros científicos de renombre que trató en su viaje a Europa. Reafirma "la existencia del hombre

Museo de Ciencias Naturales de La Plata,
fachada principal.

fósil en la Argentina" y, de acuerdo con una referencia de Sarmiento, "es el único sabio argentino según el sentido especial dado a la clasificación que reconoce Europa". Con el tiempo, se desempeñará también como vicedecano de la Facultad de Agronomía y Veterinaria y miembro académico de la Facultad de Ciencias Físico-Matemáticas.

Moreno y Ameghino realizan en el Museo una provechosa labor científica. Lamentablemente, y por razones nunca explicadas (al parecer interferencias intrigantes de terceras personas), se produce una ruptura en las relaciones entre ambos hombres. Se mantienen enemistados por años hasta que, con motivo de la celebración del Centenario en la cual están previstos encuentros con científicos extranjeros, el joven arqueólogo Luis María Torres (que sería más tarde director del Museo de La Plata), amigo de ambos, los acerca y tanto Ameghino como Moreno, "solos y al final de sus vidas", olvidan los agravios y se reconcilian. La Sociedad Científica homenajea a Moreno, y el acto es prestigiado con la presencia de Ameghino.

Ambos científicos aportaron a la ciencia universal las primeras contribuciones de Argentina. Se le reconoce a Moreno la formulación de teorías audaces y desprejuiciadas:

> debemos estudiar nuestro territorio de bien distinta manera de como lo ha sido hasta el día de hoy, para que no encontremos dificultad en resolver los problemas más imprevistos.

Alude a la existencia del hombre fósil americano que vivió en la época cuaternaria, y afirma que no hay "necesidad de reivindicar para América el descubrimiento de la confirmación física de su primer hombre ya que es casi igual al del antiguo europeo". Frente a ciertas teorías, expresa que es un error suponer que los animales habitantes de las regiones australes del continente hayan llegado siguiendo los contrafuertes andinos:

> Ningún organismo traslada su patria a otra peor, si a ello no lo obliga la lucha por la vida, por el contrario, mientras los medios que lo rodean no le sean desfavorables busca en ellos los más aparentes para su desarrollo siguiendo la ley del progreso.

En realidad, Moreno concibe la función del Museo con el complemento de la enseñanza y la educación: una institución donde se investigue y estudie tanto en el terreno como en el laboratorio y, además, un museo de exposición. Sin embargo, no podrá evitar el enfrentamiento con quienes no transigen con su criterio heterodoxo y pretenden establecer una estructura institucional. Sostiene que:

a los especialistas debe dárseles la oportunidad de dedicarse a sus investigaciones con toda amplitud, pero fuera de la dirección de estos establecimientos, que sufren de la exclusividad del sabio, olvidándose de todo lo que no se encuentre en la zona visual que, forzosamente, limitan las anteojeras de toda especialidad. De ahí que consecuentemente con esta convicción haya preferido ser verdadero director antes que investigador especialista.

A lo largo de casi tres décadas de labor intensa e incansable, no declina su interés por mejorar y adaptar las instalaciones del Museo a cada nueva necesidad. Del mismo modo, enriquecer las valoradas colecciones, a las cuales aporta infinidad de piezas como producto de sus arduas exploraciones; está atento a la aplicación de nuevas metodologías y técnicas que contribuyan a perfeccionar los estudios y la clasificación de las piezas, teniendo información siempre actualizada de los avances en Estados Unidos y Europa.

Como parte de su extensa labor, y tomando ejemplo de Rivadavia, Mitre y Sarmiento, Moreno contrata a especialistas, científicos y técnicos extranjeros experimentados y con probada solvencia, en razón de que el país aún no dispone de ellos.

Dos publicaciones, la *Revista* y los *Anales*, editadas por la propia imprenta del Museo, divulgan las investigaciones y artículos de catedráticos y docentes de todas las secciones; así, se dan a conocer los trabajos científicos, el Archivo del Museo y la memoria anual. Hay un permanente intercambio de publicaciones con institutos de enseñanza e investigaciones y de museos análogos de todo el mundo.

Se pone especial cuidado en la redacción de catálogos y folletos didácticos para distribuir entre el público y se procura la incorporación constante de volúmenes científicos y materiales de enseñanza en la biblioteca del Museo.

El Museo de La Plata y la obra de Moreno, hacia 1896, ya son reconocidos por su alta calificación científica en América y en Europa. En el país, se convierte en la primera institución científica.

Aun así, Moreno siente que tiene una deuda: no haber podido atesorar en el Museo la colección de Francisco Javier Muñiz, a quien consideraba devotamente el primer naturalista argentino. Tanto Muñiz como la propia madre de Moreno mueren durante la epidemia de fiebre amarilla desatada en Buenos Aires en 1871, que causó la muerte de unos veinte mil habitantes de la ciudad.

En sus exploraciones por Chascomús (donde también investigará Moreno) y en las barrancas del río Luján (exploradas luego por Ameghino), el precursor Muñiz acumuló en once cajones valiosos restos paleontológicos de toxodontes, megaterios, mastodontes, orangutanes, milodontes, elefantes y gliptodontes. En 1841 —revela Ameghino—, Juan Manuel de Rosas ordenó a Muñiz que "donara" al almirante francés Dupotet "el fruto de la labor de muchos años (...) incluyendo algunas reliquias". Una parte de esa colección fue incorporada al Museo de París, incluidas algunas piezas que pertenecían a especies aún desconocidas.

Quien también valora muy especialmente la labor de Muñiz es Germán Burmeister, que lo considera uno de los precursores de las ciencias naturales y especialista en paleontología pampeana. Charles Darwin, a su paso por Luján en 1833, conoce a Muñiz y por años intercambiará con él correspondencia científica.

Finalmente, en 1906, se decide anexar el Museo a la Universidad Nacional de La Plata. Francisco P. Moreno entiende, entonces, que ha llegado el momento de renunciar. Así, escribe a su amigo Ernesto Quesada:

La dirección de un Museo semejante exige, tiránicamente, la dedicación exclusiva de la vida entera; así lo concebí y ejecuté hasta que el gobierno reclamó mi colaboración patriótica en la cuestión de límites… pero reconozco que eso me ha desviado de las tareas de aquella dirección y me he visto impedido de continuar vigilando el desenvolvimiento del Museo. Dejo en la instalación del Museo, en las colecciones reunidas, en el personal organizado en la *Revista* y en los *Anales*, la prueba de que mi paso no ha sido estéril pero la exigente conciencia reclama mi eliminación, porque considero que debe reemplazarme quien esté resuelto a dedicarse por entero a la tarea, sin recato de género alguno… amo al Museo como creación mía y ambiciono que se convierta en una institución que atraiga y concentre la atención del mundo científico; le he dado lo mejor de mi vida, ahora deben venir otros y ampliar y completar la tarea.

El reorganizador de la Universidad de La Plata, Joaquín V. González, si bien asegura que el Museo conservará su destino como centro de estudios y preservará "los tesoros acumulados", su función será "mucho más notable poniéndose al servicio de la instrucción científica de la Nación entera". Los fundamentos de Joaquín V. González disienten con el criterio de Moreno, cuando anticipa que

> el museo conservará los fines de su primitiva creación, pero convertirá sus secciones en enseñanzas universitarias de las respectivas materias, y comprenderá además a la Escuela de Química y Farmacia. Todos los profesores constituirán, reunidos, el Consejo Académico común a todo el Instituto, que se dirigirá como una escuela superior de ciencias naturales, antropológicas y geográficas.

Concluye una etapa de la vida de Moreno como director del Museo de La Plata y admite con grandeza que se "había desviado de las tareas de aquella dirección" porque fue reclamada su colaboración patriótica en la cuestión de límites y no pudo dedicarle la exclusividad que exige una institución de esa importancia. Y acepta que "ahora deben venir otros y ampliar y completar la tarea".

En realidad, era una contraposición de criterios, de concepciones diferentes sobre las funciones que debe prestar un Museo. Joaquín V. González representaba al modelo académico con sus reglas estrictas, donde el autodidacta y heterodoxo Moreno nunca podría amoldarse.

Presencia viva de indígenas en el Museo

A lo largo de sus minuciosas exploraciones por la interminable extensión patagónica, Moreno no dejó rincón por investigar acerca del pasado aborigen. Y hasta llegó a exhumar cadáveres subrepticiamente a la luz de la luna, para conservar sus esqueletos en el Museo e integrarlos a colecciones que convirtieron a esa institución científica en una de las más relevantes del mundo.

Pero lo que jamás hubiera imaginado durante su convivencia en las tolderías es que alguna vez tendría a las máximas celebridades indias en persona, habitando en el Museo.

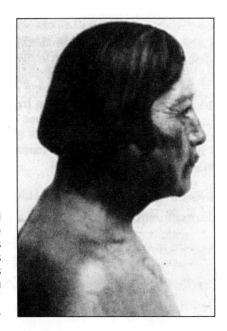

Foyel era uno de los jefes indios más estimados por "su amigo" Moreno.

Enterado de la presencia en Buenos Aires, en calidad de prisioneros, de los caciques que más estimaba, Moreno se moviliza rápidamente para lograr, ya no su libertad, la que sabía imposible dada su condición de "trofeos de guerra", sino su entrega con la excusa de "estudiarlos" con fines científicos.

Después de fatigosas y por momentos desalentadoras gestiones, Moreno logra rescatar del cautiverio militar a Sayhueque, Inacayal y Foyel y algunos de sus familiares, y resuelve hospedarlos en el Museo de La Plata. Le explicaba al Dr. Antonio Moratorio, jefe de los Talleres del Tigre —adonde irían destinados— que ya tenía en su poder el telegrama del Dr. C. Pellegrini autorizando la entrega. Y le confiaba:

> … deseo que vengan a mi lado, para pagarles de esta manera la humanitaria conducta que tuvieron conmigo cuando los visité en la cordillera.

Sayhueque, luego de un fuerte apretón de manos y una amplia sonrisa, se queja ante Moreno del trato que le dan en la prisión a su hijo Truquel al que obligaron "a trabajar en el barro dos meses y tres días".

Han transcurrido varios años de la evasión de Caleufú, pero los compadres no se guardan rencor, aunque Sayhueque reprocha a Moreno que se haya marchado de Caleufú "sin saludar".

Luego de visitar a Sayhueque en Retiro, Moreno se traslada al cuartel de Palermo. Escribe en El Diario: "…al entrar en el pequeño cuarto donde estaban los restos de la tribu en cuya compañía viviera, sólo sentí tristeza". En la media luz distingue a Inacayal que está acostado, y a Foyel en cuclillas con la cabeza inclinada; todos están abatidos.

> En el primer momento no me reconocen pero segundos después se levantan, los dos al mismo tiempo, sonríen, dicen "Moreno" y estiran la mano derecha. Por fin ha llegado el testigo que dirá: "no son indios malos", y saben que no lo son, saben que me consta.

Así, Moreno insiste ante las autoridades:

> Vuelvo a repetir: Inacayal y Foyel merecen ser protegidos. No han asesinado, han dado hospitalidad. Que no lleven, pues, el desgraciado fin de la tribu de Orkeke.

Se refiere a los cincuenta y cuatro tehuelches prisioneros, hombres, mujeres y niños, con su cacique Orkeke al frente, que fueron trasladados desde Puerto Deseado hasta Buenos Aires, hacinados en la nave *Villarino*. La orden emitida por el coronel Lorenzo Vintter produjo reclamos y protestas de periodistas y exploradores, como Francisco P. Moreno, Ramón Lista y Carlos M. Moyano. Sin duda, constituyó un torpe error, por cuanto esa tribu convivió pacíficamente y brindó desde siempre su ayuda a "los cristianos"; socorrió a los colonos del Chubut cuando requirieron ayuda y colaboraron con todas las expediciones. De todos modos, se los despojó de unos trescientos equinos y vacunos, plumas, pieles y otras pertenencias. Cuando estalló el escándalo, se dijo que estaban en Buenos Aires en calidad de "invitados" y que no tardarían en volver a su tierra. Orkeke, muy anciano y afectado anímicamente, falleció en Buenos Aires.

Con el fin de evitar que se repita la injusticia, Moreno enfatiza:

> Ninguno de los jefes de Caleufú tiñó sus manos en sangre de cautivos indefensos ni ninguno de ellos ha asesinado en las fronteras. Si pelearon y cayeron en la lucha fue defendiendo su suelo... diré que jamás, libre o prisionero, Sayhueque permitió que se me tocara. En medio de todo se destaca cierta nobleza salvaje que jamás lo lleva al crimen por el crimen mismo.

En consecuencia, consiguió que le entreguen "quince indios para estudiarlos en el Museo", y así rescata a Sayhueque, Foyel e Inacayal y entre los restantes al ranquel Juan Coñuel, que hasta su muerte fue portero del Museo de La Plata.

Los tres jefes indios se sienten reconfortados y hasta seguros sabiendo que en la extraña y grande ciudad tienen un *toro* amigo.

Sayhueque y Foyel regresan al Sur. Inacayal permanece hospedado en el Museo de La Plata, y posa como modelo para el escultor De Pol. Pero, fiel a una superstición indígena, nunca se dejará medir el contorno de su cabeza.

Clemente Onelli, a la muerte de Inacayal, en 1891, a modo de oración fúnebre, expresa:

sostenido por dos indios apareció Inacayal, allá arriba, en la escalera monumental; se arrancó la ropa (vestía una chaquetilla de oficial de caballería) desnudó su torso dorado como metal corintio, hizo un ademán al sol, otro larguísimo hacia el Sur, habló palabras desconocidas y en el crepúsculo, la sombra agobiada de ese viejo señor de la tierra, se desvaneció como la rápida evocación de un mundo...

Los indios saben que encuentran en Moreno a un amigo y desde años atrás éste es abrumado por sus reclamos, mientras se consuma la extinción de la raza.

Es de conocimiento público que en el aspecto puramente militar los indios no revisten el peligro que se proclama ampulosamente. Así, Sarmiento escribe en El Nacional:

Da vergüenza pensar que se haya necesitado un poderoso establecimiento militar [la Campaña del Desierto] y a veces ocho mil hombres, para acabar con dos mil lanzas que nunca reunirán los salvajes.

Cuando Moreno, antes de su evasión de Caleufú, presencia las maniobras de guerra convocadas por Sayhueque en Quem-quem-treu, refiere que los jefes indios dicen que se encuentran allí ochocientos guerreros, cuando él ha podido ver y contar sólo cuatrocientos ochenta. En varias ocasiones las cifras de unos y otros no coinciden pero los caciques son proclives a exagerar su poderío bélico y los militares no los desmienten, por el contrario.

Moreno tardará diez largos años en conseguir alguna tierra para Sayhueque. A la muerte del cacique, su nieto Mariano, hijo de Truquel, le escribe (en realidad, la redacta y firma su hijo pues él no sabe escribir) denunciando que las dos leguas que el gobierno le concedió a instancias de Moreno, les van a ser despojadas por una compañía, por lo que solicitan

> amparo para no hacernos usurpar el campo que fue anhelado por mi padre y que jamás creíamos pudieran en estas regiones los estrangeros apoderarse de las donaciones...

Esta vez, sin embargo, Moreno no puede hacer nada; un mes después, fallece.

BREVE ACTUACIÓN PARLAMENTARIA

En 1904 vecinos de la circunscripción electoral segunda del distrito de la Capital, representados por la comisión directiva del Club San Cristóbal Sur, proponen a Francisco Pascacio Moreno la candidatura a diputado. Moreno acepta, fundamentando sus motivos en un documento que deja pasmados a los promotores de su ingreso a la legislatura, pues sus conocimientos acerca de los problemas y necesidades de la ciudad no presentan resquicios.

Alude a todos los barrios y enumera las soluciones necesarias en cada caso, y como es típico en él, sus propuestas requieren de una irrefutable y ambiciosa programación de obras. En cuanto a las comparaciones que

Moreno
durante su
actuación
parlamentaria.

utiliza, podrían parecer desproporcionadas; por ejemplo, se refiere al Riachuelo como "un pequeño Támesis del futuro" transformado para la "industria fructífera"; con respecto a los barrios marginales del sur, considera que sin su progreso y modernización "no será Buenos Aires la gran capital que debe ser". Incluye, además, a Patricios y bajo Flores, "los barrios de la Quema y de las Ranas", en los que deben encararse

> vastas construcciones con avenidas, a los costados las casas de los obreros, cómodas, alrededor de las escuelas industriales y de las bibliotecas prácticas, atrayéndolos para la vida de hogar, desconocida hoy para ellos [...] suprimiendo el conventillo.

No se cansa de repetir: "Es sabido que donde el trabajo y la escuela reinan, la cárcel se cierra".

Entre otros proyectos de ley presentados en 1910, se destaca la "ley llamada con propiedad de Fomento", que propicia el estudio, construcción y explotación de un ferrocarril que saliera del puerto de San Antonio y, atravesando el territorio de Río Negro, llegara al lago Nahuel Huapi (recién arribó a ese destino en 1934).

Esa ley de Fomento propone también el tendido de otros ramales por las zonas patagónicas donde fuera factible la radicación de colonos; ya se considera gran parte de esas tierras como feraces, favorables a la agricultura, la forestación, la ganadería, la minería, y donde puede aprovecharse la fuerza hidráulica. Incluye una extensión de doscientos kilómetros de vías férreas hasta San Martín de los Andes y desde allí otros setenta a la frontera con Chile.

El 23 de agosto de 1911, Moreno presenta un proyecto de ley para autorizar al Poder Ejecutivo a adquirir a los herederos de Florentino Ameghino las colecciones antropológicas y paleontológicas, biblioteca y manuscritos con destino al Museo Nacional. Teniendo en cuenta que constituyen el resultado de cuarenta años de investigaciones y recolección de objetos del pasado del extremo Sur de América, Moreno solicita la adquisición inmediata por el Estado porque: "Contentarnos con su monumento y consentir que se extraiga del país esas colecciones será causa de serios perjuicios a la Nación".

Por otra parte, está convencido de que el Museo de La Plata y el de Ciencias Naturales le otorgan a la Argentina condiciones ideales

para poseer un centro de estudios americanos que abarque el conocimiento de esta América. [...] hombres de todo el mundo que estudian la natu-

raleza con mayor éxito, algunos de los cuales han
visitado esta Capital, extrañan que la República Argentina no haya dado ya principio a crear una institución científica…,

según el plan seguido por Estados Unidos por su servicio geológico, su Institución Smithsoniana y su Museo
Nacional de Washington. De ese modo, facilitaría "el conocimiento del dominio nacional a propios y extraños" y
haría "converger en Buenos Aires los elementos que lo
extiendan de las otras naciones sudamericanas y esta-
blezcan el intercambio científico".

Moreno sabe con certeza que si no atienden su reclamo, los estudiosos argentinos lamentarán por siempre
que las piezas tipos del doctor Ameghino no se encuen-
tren al lado de las piezas tipos del doctor Burmeister en
el Museo Nacional de Buenos Aires, y que

se hubiesen cedido al extranjero e incorporado a
las colecciones del museo nacional de Washington,
al museo de historia natural de Nueva York, al museo Británico, al museo de París, al museo real de
Berlín o a otros de análoga importancia. […] A que
tal cosa no suceda, a que las colecciones, libros y
manuscritos, la obra toda del doctor Ameghino
queden en esta capital, en el Museo Nacional y sirvan en éste a todos los estudiosos del mundo, con
lo que la gran Capital del sur llenaría uno de sus fines y deberes, tiene el proyecto de ley que dejo
fundado.

En setiembre de 1912 presenta el proyecto de ley
sobre Parques y jardines nacionales en el que trabaja

con otros legisladores. El proyecto procura detener la destrucción de bienes naturales, causada por desidia, ignorancia y uso abusivo o tala indiscriminada de árboles, "y a conservar para nuestros hijos lo que les hará comprender la genealogía de la Nación, en ambientes de ensueños, descanso y de instrucción". Otro proyecto de ley que presenta es el que promueve la creación de las Estaciones Experimentales Agrícolas en todo el país.

Finalmente, Moreno decide renunciar al Parlamento y consagrarse a la educación, sin duda, la actividad fundamental a la que él quiere brindar sus servicios y a la cual se entrega con la mayor devoción. Probablemente sugiere, con esta determinación, que su paso por el Parlamento le fue útil tan sólo para presentar proyectos que estima de urgente necesidad y que de otra manera no hubieran sido elevados y tratados con la necesaria convicción e idoneidad.

Los grandes proyectos

Los grandes proyectos, las más innovadoras iniciativas y los acontecimientos de mayor trascendencia en la Patagonia lo tienen siempre, directa o indirectamente, involucrado a Francisco P. Moreno. La exploración exhaustiva del territorio y los estudios geológicos, paleontológicos, geográficos, antropológicos; los planes colonizadores; la demarcación de los límites fronterizos con Chile; la creación de reservas naturales; la introducción en el país de la ecología y de la protección de la naturaleza, y la inspiración del proyecto agroindustrial patagónico que aun hoy sería revolucionario.

Así, en 1895, Moreno emprende una nueva expedición austral, que cuenta, entre otras iniciativas, con un plan para implantar una red de ferrocarriles que acabe con el desierto y logre la radicación de poblaciones. El plan atrae el interés de Ezequiel Ramos Mejía (ministro de Obras Públicas de Roca, Figueroa Alcorta y Sáenz Peña), quien convoca al científico y técnico norteamericano Bailey Willis para participar en el proyecto más importante que se haya pensado hasta entonces para civilizar la Patagonia, y a la vez con decisiva influencia para el destino del país en su conjunto.

Ramos Mejía promueve la sanción de la ley 5.559, orientada a concretar el desenvolvimiento económico de los territorios nacionales. La primera fase del programa establece la búsqueda de agua y el tendido de líneas férreas estatales para fomentar el asentamiento de pobladores y alentar la producción interna, en vez de servir únicamente a la exportación de materias primas. El plan de Ramos Mejía abarca a todo el país, incluyendo el Norte, pero estima que el abandono en que se encuentra el territorio patagónico es aún más alarmante.

Por otra parte, las líneas ferroviarias, de propiedad británica, sólo se concentraban en el traslado de carnes y cereales con destino a la exportación y se desinteresaban de establecer ferrocarriles de fomento en territorios donde no había producción y si la había, no estaba destinada a esos fines. Ramos Mejía planea tender rieles estatales en Río Negro, Neuquén y Chubut y adjudicar tierras fiscales a los eventuales colonos. Sabe que en el Oeste de Estados Unidos la aridez del suelo guarda cierta similitud con el patagónico, y que con la colaboración del Estado los norteamericanos han construido ferrocarriles, haciendo surgir el agua mediante la perforación de las napas artesianas, previos estudios geológicos.

En 1910, a propósito de la celebración en Buenos Aires de un Congreso Científico Internacional, el ministro pide reunirse con uno de los participantes, Bailey Willis, ingeniero de Minas, doctor en Geología, Ingeniero Civil de la Universidad de Columbia de Nueva York y calificado geólogo del Departamento de Investigaciones Geológicas de los Estados Unidos, a la sazón de 53 años de

Bailey Willis
quiso fundar otra California en el Norte de la
Patagonia, pero los conspicuos exponentes de la
Argentina agroexportadora, escandalizados, se lo
impidieron.

edad, con más de treinta de experiencia profesional en
su país, Europa y Asia.

Willis estuvo en San Juan observando una línea en
construcción y el ministro le pregunta si ha visto las perforaciones que se están haciendo por encargo suyo. El
geólogo norteamericano asiente y agrega que lo lamenta, considera que las condiciones geológicas son negati-
vas y no se podrá conseguir agua. De inmediato, el ministro solicita el informe sobre esos trabajos y advierte
que Willis tiene razón, por cuanto se han perforado algo
más de quinientos metros de profundidad y el agua aún
no surge.

Otra inútil búsqueda de agua, aunque con otro resultado, ocurre en Comodoro Rivadavia cuando en 1900 el ministro de Agricultura, M. García Merou, le encomienda a Francisco P. Moreno iniciar estudios para efectuar perforaciones. Éste advierte al ministro y a los pobladores de Rada Tilly: "Agua no encontrarán, pero sí petróleo, por la constitución geológica del suelo". Efectivamente, en 1907, insistiendo inútilmente en la búsqueda de agua, aflora el petróleo. Este suceso queda documentado en el *Boletín de Informaciones Petroleras*.

El geólogo Bailey Willis y Ramos Mejía mantienen algunas reuniones en las que el tema gira alrededor de la localización del agua y la evaluación de las riquezas del subsuelo, y el ministro le propone a Willis hacerlo en la Patagonia. El norteamericano, que ha oído hablar de ese misterioso lugar, se entusiasma ante la posibilidad de conocerlo, y acepta.

Se constituye la Comisión de Estudios Hidrológicos del Ministerio de Obras Públicas, siendo designado Asistente Jefe, el ingeniero Emilio E. Frey, según Willis "brazo derecho del perito Francisco P. Moreno". Se contrata a los hermanos Torrontegui, hábiles baquianos, y Willis viaja a Estados Unidos para contratar a cuatro jóvenes topógrafos y geólogos, además de adquirir instrumental y equipos.

El geólogo norteamericano, poseedor de una vasta experiencia, espera realizar en la Patagonia lo que tantas veces hizo en su país, donde no se concibe el fracaso; allí asistió a la fundación de varios poblados primitivos que no tardaron muchos años en transformarse en ciudades importantes. ¿Por qué no iba a ocurrir lo mismo en la Patagonia? Todo esto se produjo en zonas desconocidas hasta donde él tuvo que llegar con animales cargueros después de largo y duro viaje a través de selvas, llanuras y montañas, siguiendo las sendas de los indios… Está seguro de que puede volver a realizarse.

La expedición completa los últimos detalles contratando los peones necesarios y adquiriendo cuarenta caballos y ochenta mulas. Pero cuando Willis va a dar la orden de partida, surge un obstáculo desconocido para él en circunstancias semejantes: la burocracia oficial. Durante dos semanas disposiciones y expedientes administrativos impiden la partida, que amenaza prolongarse más aún hasta que por fin media la gestión de Ramos Mejía.

Arribados a Río Negro, establecen campamento en Valcheta y luego de arduos trabajos, que se prolongan por más de seis meses, la búsqueda de agua resulta infructuosa. Cuando la empresa parece terminar ya en un fracaso, Willis evalúa la posible utilización del arroyo Valcheta; luego de superar varios obstáculos hacen tres embalses y un canal, obras con las que pueden asegurar las necesidades de agua de San Antonio, del ferrocarril en construcción e irrigar cuatro mil hectáreas para uso agropecuario.

La Comisión sugiere al ministerio que las tierras fiscales de esa área no se ofrezcan en venta porque su valor, por acción del riego, aumentaría mil veces. Otra tarea encomendada a Willis, y que también arrojará resultados positivos, es la experimentación del cultivo de secano (tierras de escasa precipitación pluvial), en el norte de la Patagonia.

En Buenos Aires, entretanto, el ministro Ramos Mejía tiene que luchar contra la burocracia y los congresales reaccionarios que se oponen a su programa patagónico y a la misión de Bailey Willis. Según los términos del contrato, se puso a disposición de la Comisión un crédito de $100.000 para gastos. Lleva gastados hasta ese momento $81.476,43 que Willis contabiliza rigurosa y detalladamente, enviando las facturas para que le reembolsen el dinero gastado.

Sin embargo, las cuentas claras no alcanzan a destrabar la burocracia. En la entrevista con Ramos Mejía, luego de presentar los planes e informes de los estudios realizados por la Comisión, Willis le entrega la carpeta con los comprobantes de los gastos efectuados. Tienen la fecha de dos meses atrás y aún no le hacen efectivo el reembolso que, según le informaron, está retenido hasta que no aprueben la factura de caballos. El ministro se sorprende y pide que le aclare a qué se refiere. Willis le explica:

> Está detenida hasta que abone cinco centavos —le explica—. La factura de caballos me fue devuelta a Valcheta a causa de cinco centavos. La volví a enviar a Buenos Aires con una estampilla de correo de cinco centavos, pero todo me llegó otra vez con la indicación de que la suma tenía que abonarse en dinero efectivo, pero no se puede enviar dinero en las cartas. Entonces escribí preguntando si aceptaban un cheque personal.

En la reunión está presente Francisco P. Moreno, quien da su apoyo incondicional al plan de Ramos Mejía y a los trabajos de Bailey Willis. Experimentado en la lucha contra los burócratas de todos los niveles y políticos retrógrados o al servicio de intereses bastardos, y víctima de sus maquinaciones cuando se proponía materializar los proyectos, al escuchar ese diálogo le dice a Willis: "Usted no ceda. Insista. No les dé el gusto, son funcionarios realmente detestables".

Animado por el apoyo de Ramos Mejía y de Moreno, quien siempre le contagia entusiasmo y convicción, Bailey Willis sigue adelante con los estudios hasta que eleva al ministro el informe completo: "Hay agua suficiente —especifica— para abastecer a San Antonio sobre una base de población de 10.000 almas, el ferrocarril, los barcos de recalada en el puerto, la población rural y la hacienda".

El 10 de octubre de 1911, Ramos Mejía eleva al Parlamento la consideración del proyecto. Previamente lo presenta ante Julián Romero, titular de la Dirección de Irrigación, opositor recalcitrante a la inversión en la Patagonia. Como testimoniará Willis en sus escritos:

> Los ataques en el Congreso al señor ministro Ramos Mejía y a su política de desarrollo nacional continuaron con violencia y acritud creciente.

A la vez, el ministro debe reclamar información al titular de Irrigación, dado que la respuesta sobre el resultado del examen tiene ya una demora de seis meses. Pero la contestación que obtuvo fue que un empleado de su oficina, para preparar mejor los antecedentes, se había llevado a su domicilio toda la documentación de Willis y al incendiarse su casa el fuego había consumido todo el trabajo de la Comisión patagónica.

Esto no sorprende al científico norteamericano quien, teniendo en cuenta los consejos de Francisco P. Moreno, mantiene herméticamente guardados los originales en su archivo del campamento de Valcheta. Realmente, los funcionarios y parlamentarios que se oponen al desarrollo patagónico, empiezan a evaluar la dimensión y el talento de sus presuntas víctimas y tienen que admitir que Moreno, Willis y Ramos Mejía son indoblegables.

En sus ensoñaciones por poblar el Sur, Ramos Mejía escucha encantado los relatos de Bailey Willis acerca de cómo se fue poblando el Oeste norteamericano. El geólogo refiere, entre otros ejemplos, el de Spokane, que de mero campamento ferroviario se transformó, en treinta años, en una ciudad de 75.000 habitantes.

Asimismo, los informes del Perito Moreno al concluir la expedición que realizara a la Patagonia en 1895, convencen a Ramos Mejía de que el tendido de vías férreas es fundamental para alcanzar un efectivo desarrollo. Piensa en la línea ferroviaria que desde San Antonio, pasando por Nahuel Huapi y atravesando la cordillera llegará a Valdivia. A la vez, para lograr ese objetivo es imprescindible el hallazgo y provisión de agua en las regiones desérticas para facilitar la implantación del servicio, el establecimiento de colonos, alentar la agricultura y otras formas de producción.

Bailey Willis aconseja aplicar nuevas técnicas y sistemas; sabe que los ingenieros argentinos, educados en los métodos europeos, optarán por el sistema de mampostería pesada y concreto, pero esto resultará de un costo prohibitivo en la Patagonia. La práctica inglesa y norteamericana ha retornado a las construcciones de embalses de tierra como los construidos en la Mesopotamia 4.000 años atrás. Willis considera que la tierra del desierto suministrará el material para la altura que requiere la represa.

"La Patagonia está solamente medio siglo atrás de nuestro Oeste", enfatiza Willis, mientras evalúa asombrado el magnífico panorama de la región de Nahuel Huapi, las posibilidades económicas ilimitadas que contiene. Especial consideración le despierta el anuncio de la creación del parque natural a instancias del Perito Moreno, por quien siente una gran estima y respeto. La donación de tierras que éste efectuó lo llena de admiración.

Mientras estudia todos los pasos cordilleranos posibles para la instalación del ferrocarril que proyecta, Willis enfrenta problemas parecidos a los que tuvo que resolver en su país, como las gargantas que debió cruzar la Northern Pacific R. R. Para evitar construir puentes excesivamente costosos que comprometieran la financiación de la obra, propone levantarlos con armazones de madera, los que tendrán una duración de veinticinco años o más. Considera que recién cuando el desarrollo del tráfico de pasajeros y carga y la evolución económica de la región puedan solventarlos, podrán construirse puentes de mampostería.

La idea de Ramos Mejía es la de utilizar el ferrocarril como un medio; para eso Willis deberá completar los estudios de factibilidad para generar energía eléctrica, instalar industrias y evitar el uso del carbón, que procede del exterior, lo que obliga a una dependencia inconveniente. El norteamericano encara el estudio de los recursos que podrían obtenerse de la explotación de la energía hidráulica, y también el trazado de caminos.

Así, redescubre el abandonado paso del Cajón Negro para unir Nahuel Huapi con Valdivia, y delimita zonas para la producción de cereales, productos lácteos y otros alimentos con el fin de aliviar la dependencia de los proveedores del sur.

Entretanto, en 1912, el ministro Ramos Mejía es interpelado e imputado en el Congreso, por "el extravagante derroche de los dineros públicos" en relación con los fondos que provee a la Comisión que dirige Willis.

Los apoltronados y obtusos críticos no toman en serio las conclusiones de la Comisión y se ríen de la opinión de Bailey Willis cuando compara la zona que se extiende al sur de Junín de los Andes con Suiza, en relación con el clima y los enormes recursos naturales, condiciones que permitirían, planificación mediante, asentar una población de tres millones de habitantes.

También pasan por alto el examen que el geólogo

hace de la fuerza hidráulica, las tierras óptimas para la actividad agropecuaria, los bosques suficientes para desarrollar una importante industria maderera y otros recursos que permitirían

> [en] una época no muy lejana independizarse de las manufacturas extranjeras de paños y artículos de cuero, época en que sus ciudadanos cesarían de pagar fletes oceánicos y utilidades sobre vestimenta y calzado que podrían fabricarse.

Pero es el apogeo de la Argentina agroimportadora, preocupada tan sólo por la magnitud de las cosechas y la producción de carnes de exportación. Los voceros del sistema claman en el parlamento para que cese el apoyo ministerial a la Comisión de Estudios Hidrológicos, para terminar de una vez ese "derroche de los fondos públicos".

Pese a todo, las investigaciones continúan, y son cada vez de más largo alcance. Emilio Frey, asistente jefe de Willis, luego de analizar diferentes muestras de madera, coincide con el técnico norteamericano en que el cohiue podría llegar a producir pulpa para la producción de papel. Envían muestras al Laboratorio de Productos Forestales de los Estados Unidos y de los análisis efectuados surge que la iniciativa es practicable.

En uno de los pocos momentos de descanso, Willis, curioso e interesado por la extraña modalidad de vida que observa en la Patagonia, comenta a Moreno que no ha hallado hospital o enfermera alguna en tan vasta extensión, salvo un médico europeo que la recorre solitariamente, a lo cual el perito contesta con cierta tristeza: "Va a encontrar cosas peores. He visto transcurrir décadas y casi nada ha cambiado".

Para entonces, el geólogo está al tanto de que en ese territorio hay compatriotas actuando al margen de la ley; abunda el contrabando, el cuatrerismo, los robos, la corrupción de policías y funcionarios; proliferan aventureros inescrupulosos, comerciantes rapaces, náufragos vagabundos y prófugos por diferentes causas, confiados en que pueden desplazarse sin riesgos en ese desolado territorio. También, argentinos de tercera generación con una acentuada pronunciación inglesa que casi no conocen el castellano. "Tierras feraces sin ley, suelo casi sin bandera, habitantes sin nacionalidad, argentinos sin idioma."

Entretanto, Bailey Willis redondea con Ramos Mejía el proyecto para la creación de una gran ciudad industrial en la Patagonia. El ministro imagina un nuevo Estado patagónico con ciudad capital que sea

el asiento del gobierno provincial, con su universidad, cuartel militar, distritos industrial y residencial, plazas públicas y todo lo necesario para la administración civil.

También se reservan dieciséis hectáreas para erigir la Universidad Industrial y de Bellas Artes.

La ubicación de la Ciudad Industrial de Nahuel Huapi, como se conoció el proyecto, será, según el geólogo, una decisión acertada de Ramos Mejía. Sobre él escribirá tiempo después:

> un estadista perspicaz. Previó que el conjunto de materias primas, la abundancia de fuerza hidroeléctrica y el gran mercado que ofrecen las provincias agrícolas de Argentina, tarde o temprano habrían de dar lugar a la implantación de industrias manufactureras en la cordillera.

Las estadísticas son elocuentes: en 1912, Argentina importa por valor de 76 millones de libras esterlinas, de las cuales 15 millones corresponden a tejidos; 2 millones a maderas y sus manufacturas, y 780 mil a artículos de cuero, en tanto que exporta por valor de 1.260.000 libras. Willis programa:

> la fuerza hidroeléctrica del Limay será utilizada para la producción de tejidos de lana y de punto con los finos vellones de los merinos de Río Negro y Neuquén; otros productos de lana con las materias bastas de Chubut y Santa Cruz, artículos de cuero con los materiales de los frigoríficos, muebles y otros productos de madera, inclusive las sustancias químicas de las selvas de haya que se adapten mejor a la fabricación en el sitio mismo y de los nitratos atmosféricos para abonos.

Para el geólogo el proyecto es tan simple como realizable. Cuando finalizan los estudios, Willis se dedica a redactar el informe final. Por su parte, Ramos Mejía enfrenta al Congreso porque le niega los fondos necesarios para el desenvolvimiento de su Ministerio. Dice Willis:

La crisis aquí es extremadamente interesante...
entre Ramos Mejía, representante de la clase gobernante inteligente, los políticos elegidos por las
masas no inteligentes y el Imperio Invisible del capital que extiende su control sobre ambos.

Además, en una charla con el administrador general
de los Ferrocarriles del Sud, de propiedad inglesa, Willis escucha que, a pesar de que las observaciones de la
Comisión son de gran valor, no conviene a los planes del
Ferrocarril del Sud que los ferrocarriles nacionales se
constituyan para competir con sus futuros intereses en
la Patagonia.

El ministro Ramos Mejía autoriza a Willis a viajar a
Estados Unidos para suscribir el contrato de edición en
castellano de El Norte de la Patagonia, con una editorial de
Nueva York. Regresa en octubre de 1913 para preparar
un informe final, rendir cuentas de los gastos de la Comisión y continuar los estudios sobre la Ciudad Industrial de Nahuel Huapi.

Se enfrenta a una situación poco auspiciosa porque
Ramos Mejía se ve forzado a renunciar siendo reemplazado por Carlos Meyer Pellegrini, quien casualmente está en buenos términos con Francisco P. Moreno y ve con
buenos ojos el proyecto de la Comisión, ratificándole la
confianza y renovándole el contrato a Willis por seis meses más y asignándole los fondos para la edición del segundo tomo del Informe de la Comisión.

De regreso a Bariloche, Willis se concentra en trazar una vía de comunicación entre los valles fértiles de

la Patagonia y los puertos chilenos del Pacífico. Halla una clara similitud entre ese acceso cordillerano y la del lago Lucerna, en Suiza, construido a través de túneles que bordean precipicios. Una de las posibilidades es el paso ubicado por Frey y Moreno en "El Brazo de la Tristeza". Ese y otros estudios lo mantienen activo en la región, mientras que en Buenos Aires Meyer Pellegrini es reemplazado por otro funcionario. El vicepresidente Victorino de la Plaza asume la presidencia de la Nación ante la delegación del mando de Sáenz Peña, gravemente enfermo; De la Plaza designa ministro a Miguel Moyano (ex director de los ferrocarriles británicos), encarnizado opositor al funcionamiento de la Comisión.

Con el pretexto de efectuar economías, Moyano suprime los trabajos de Willis y éste, con el apoyo de Francisco P. Moreno, advierte que ya se ha gastado mucho dinero y no corresponde en ese momento interrumpir los estudios, que corren el riesgo de ser archivados o abandonados definitivamente, cuando son tan necesarios para el país.

El ministro Moyano no admite considerar la medida; además, como aún la editorial de Nueva York no ha remitido impreso el primer tomo del Informe, acusa a Bailey Willis de malversación de fondos, y lo amenaza con meterlo en la cárcel. Pero los libros llegan a los pocos días y Moyano debe desistir de su acusación.

El ministro de Hacienda, Alejandro Carbó, es persuadido por Moreno de la importancia del proyecto, cuyo contenido esboza brevemente Willis, y decide publicar el segundo tomo del Informe, pero Moyano presiona a de la Plaza y éste desautoriza la edición.

Otro intento de Moreno y Willis, con el tácito apoyo de Ramos Mejía, parece encaminarse positivamente con la aprobación de Isidoro Ruiz Moreno, director de Territorios Nacionales, organismo dependiente del Ministerio del Interior, que intenta sustraer a la Comisión de la jurisdicción del ministro Moyano.

Se rubrica un contrato para la edición del segundo tomo y Willis viaja a Estados Unidos con todos los textos y planos para su impresión, que nunca llegará a consumarse porque Victorino de la Plaza, en enero de 1915, se niega a firmar el decreto autorizándola. Éste fue el epílogo de los sueños de Moreno y Ramos Mejía y del proyecto de Bailey Willis.

"No entiendo esto —repite el norteamericano—. En un país donde todo está por hacerse." El Perito Moreno no sólo comparte esta afirmación, por supuesto, también exalta la efectiva disposición de los norteamericanos para conocer su suelo e implantar la civilización en todo su territorio; por eso ve en Willis a uno de sus emblemáticos ejecutores, típico exponente de un país que "sin grandes fuerzas armadas va en camino de ser la primera nación" por la utilización racional del suelo, la dedicación y el trabajo.

Sin embargo, en este momento, aislado y deprimido, Moreno se ve forzado a comprobar una vez más que el provechoso aporte de sus exploraciones, su creativo despliegue en todas las actividades que desarrolla, que las obras de envergadura que podrían impulsar el desarrollo de la Patagonia, se desperdician o son saboteadas, como acaba de ocurrir con la Comisión que dirigía Bailey Willis, quien brindó una de las soluciones más efectivas y brillantes que hasta entonces se propuso para transformar el despoblado territorio austral.

Años después, en 1937, el titular de Parques Nacionales, Ezequiel Bustillo, gestiona la cesión de los originales del segundo tomo del Informe y Willis, entonces con 80 años de edad, envía a esa entidad, desde su país, el tomo II de *El Norte de la Patagonia*.

Un único ejemplar inédito, una parte manuscrita y la otra mecanografiada en castellano y en inglés, que Bailey Willis dona a la Argentina con una dedicatoria de su puño y letra: "A la República Argentina, homenaje de Bailey Willis en recuerdo al gran patriota el Ministro de Obras Públicas Dr. Ezequiel Ramos Mexía".

El contenido del tomo I es el siguiente: Parque Nacional, Colonización, Ferrocarriles, Ciudad Industrial, Embalse del Limay. El del tomo II: Levantamientos, Proyecto Valcheta, Miscelánea, mapas correspondientes a la Ciudad Industrial, ferrocarriles, embalse del Limay, caminos y otros estudios, esquemas y planos.

En 1941, Bailey Willis dona al Museo de la Patagonia "Perito Francisco P. Moreno", los originales de la *Historia de la Comisión de Estudios Hidrológicos del Ministerio de Obras Públicas* 1911-1914, publicado en 1943 por la Dirección de Parques Nacionales. Moreno, según Willis, fue "una figura única en los anales de la Argentina".

Encuentro con Teodoro Roosevelt

Aunque nunca se han tratado personalmente, tanto Moreno como Roosevelt obtienen referencias mutuas a través de terceras personas, y luego mantienen algún diálogo por correspondencia acerca de temas vinculados con la naturaleza y su preservación. Con el tiempo, Moreno incluso envía un original obsequio, que es agradecido con especial deferencia. El presente dirigido a Roosevelt consiste en una porción de heces del animal prehistórico Mylodon, recolectadas en una cueva del seno de Última Esperanza. La respuesta del norteamericano no se hace esperar: "Es el regalo de más precio que haya recibido".

Los unen experiencias similares: ambos exploraron con espíritu aventurero e interés científico el suelo de sus respectivos países; convivieron con los indios; son tenaces conservacionistas de las riquezas naturales y partidarios del aprovechamiento de los recursos que ofrece la naturaleza, para beneficio de la Nación.

Cuando Teodoro Roosevelt decide viajar a la Argentina en 1913, solicita a Moreno que lo acompañe en su itinerario, inclusive en su previsto viaje a Chile. Moreno acepta con gusto pero se excusa de viajar al país trasandino, pues considera que su presencia podría molestar a algunos núcleos políticos como consecuencia de su desempeño en el trazado de la línea fronteriza. Por ese motivo, le propone esperarlo en el paso Pérez Rosales.

Como un gesto de buena voluntad hacia el huésped se procura que los indios de la región estén presentes para saludarlo, pero lo hacen muy pocos dado que desconocen quién es el visitante. Entonces, Moreno decide enviar un saludo personal a todos los habitantes de los alrededores; así comienza a correr la voz de que es "Tapayo" quien está en Nahuel Huapi. El mismo que recorrió la región varias veces, que convivió con ellos, que en Buenos Aires protegió al compadre Sayhueque, a Foyel e Inacayal y que siempre los respetó.

Repentinamente, una multitud de aborígenes acude a saludar a Moreno y se desplaza por la orilla del lago, coreando: "¡Tapayo! ¡Tapayo! ¡Tapayo!..." Moreno observa atónito a esa multitud a la que saluda con el brazo en alto, mientras escucha cómo resuena el amistoso nombre con que lo bautizaron los indígenas.

Entretanto Roosevelt, impactado por esta espontánea recepción, emite estentóreamente el típico grito de los pieles rojas de su país como una forma de adhesión.

Luego, recorren Bariloche y los alrededores, acampan y conversan largamente sobre la necesidad de crear parques y zonas naturales protegidas, y propender al desarrollo civilizado de las comunidades aborígenes.

Debieron afrontar algunos obstáculos en lo que fue el primer viaje en automóvil efectuado entre Bariloche y Neuquén y que tuvo entre los protagonistas a Moreno y Roosevelt. Cruzaron ríos y arroyos sin puentes ni balsas y cuando tuvieron que sortear el Limay, muy crecido y riesgoso, el norteamericano no se amilanó y fue el primero en abordar la balsa. En Mencué, rancherío poco acogedor, habían dispuesto el rancho más habitable, de una sola habitación y sin baño, para que el huésped pasara la noche. Pero éste rechazó esa distinción y luego de rodear el fogón con sus compañeros de viaje durmió a la intemperie como el resto.

Más tarde, Roosevelt viaja al Paraguay y desde allí envía a Moreno una sorprendente carta:

> Mi estimado doctor: No solamente siento profundo respeto y admiración por su persona, sino que usted me ha inspirado un hondo sentimiento de afecto personal... aparte de que usted ha realizado una obra que sólo un escasísimo número de hombres de cada generación es capaz de llevar a cabo.

Teodoro Roosevelt nació en el mismo año que Moreno (1852) y cuando se conocieron personalmente, ambos tenían 61 años de edad. Se graduó en Harvard y luego ingresó al Partido Republicano siendo electo diputado en 1880, adquirió fama por su temperamento enérgico y frontal (según Rubén Darío una conjunción de Washington y Nemrod) cuando se desempeñó como jefe de policía de su Estado natal y libró una áspera batalla combatiendo la corrupción a fines del siglo XIX. Vicepresidente de la Nación en 1900 llegó la presidencia en 1901 como sucesor del asesinado presidente Guillermo Mac Kinley y concluido ese período fue reelecto, terminando su mandato presidencial en 1909.

Célebre también por aplicar la política del garrote (*big stick*) cuando su país financió y promovió en 1903, la secesión de Panamá, entonces dependiente de Colombia, y presionó a esta Nación para que no mandara tropas a reprimir. "Tomé el istmo", se jactó.

Su controvertido historial incluye, no obstante, la

obtención de un Premio Nobel de la Paz otorgado en 1904 por su hábil y decisiva intervención para lograr el fin de la distante guerra entre Rusia y Japón.

En Buenos Aires encontró aspectos y costumbres impensadas con relación a otros lugares de Latinoamérica, incluso con su propio país, por ejemplo, cuando preguntó por qué en el Hipódromo no había tribuna para negros.

El intendente municipal Joaquín de Anchorena lo acompañó durante la visita a algunos sitios de la ciudad, entre ellos, el Jardín Zoológico, donde fue recibido por Clemente Onelli, su director. Recorrieron el Jardín a bordo del trencito y Roosevelt se asombró que entre los ejemplares exhibidos había indios araucanos.

Halagó a los oídos de la europeísta élite porteña cuando diferenció a los habitantes de Buenos Aires de los de otras ciudades latinoamericanas, que mostraban —según observó— cierto primitivismo, pereza, agresivi-

Teodoro Roosevelt. Moreno y Roosevelt mantuvieron diálogo por correspondencia acerca de temas vinculados con la naturaleza y la preservación.

dad y debilidad de caracter. Halló a Buenos Aires pujante, de intensa vida comercial.

Otro motivo de asombro fue su disertación en el Museo Social Argentino, opinando acerca de temas sociales: propugnaba la intervención del Estado para armonizar el protagonismo empresario con "un moderado colectivismo" que atendiera las necesidades de la gente y atenuara los conflictos sociales. Recordó que como gobernador primero y luego como presidente impulsó la promulgación de leyes que beneficiaban al trabajador y a la sociedad.

Entre los asistentes estaban los socialistas Augusto Bunge, Enrique del Valle Iberlucea y Alfredo Palacios que se interesaron en las ideas expresadas por Teodoro Roosevelt. En cambio, Manuel Ugarte opinó que si bien correspondía ser cortés y afable con el huésped, se exageraba al recibirlo casi con honores de un presidente sin serlo ya. Que no había que dejar de lado la solidaridad con naciones hermanas agredidas por los intervencionistas norteamericanos, las que se estarían preguntando si la Argentina de ese momento era la misma que un siglo atrás había contribuido a liberar América del Sur.

Cuando Roosevelt viajó a La Plata y visitó el Museo indagó sobre la vida y la labor de Florentino Ameghino, efectuando un largo recorrido por todas las instalaciones, observando con vivo interés las colecciones y formulando muchas preguntas acerca del pasado aborigen y su ámbito natural.

Curiosamente, Roosevelt falleció en 1919, el mismo año que murió Moreno.

FRANCISCO MORENO

EDUCACIÓN Y SOLIDARIDAD SOCIAL

La vasta exploración del territorio patagónico, el minucioso conocimiento de su pasado y presente físico y antropológico, la decisiva intervención en la ardua demarcación de límites fronterizos con Chile y la creación del Museo de La Plata, cuyo prestigio científico trascendió al mundo, no agotan la acción militante de Francisco P. Moreno.

Los hombres públicos de la segunda mitad del siglo XIX como Sarmiento, Mitre, J. M. Gutiérrez, o científicos como Burmeister, entre otros, constituyeron un modelo para Moreno y, por cierto, no eran personajes que se retiraran de la escena al cumplimiento de cada objetivo; por el contrario, a cada realización sumaban otras metas, generando nuevas ideas y proyectos. De acuerdo con esos principios, el país siempre estaba en gestación, y ellos se sentían responsables del nacimiento de una Nación. Moreno creció y se formó bajo el influjo de esas convicciones.

Concluido el siglo, y cumplidas algunas metas, advierte que uno de los soportes de la República, la educación, continúa pendiente de solución y persiste en un estancamiento inaceptable.

En consecuencia, Moreno desiste de la política, en su breve condición de legislador, y asume como vicepresidente del Consejo Nacional de Educación, proponiéndose orientar la enseñanza de acuerdo "con las necesidades del país".

Hacia 1914 el panorama no es muy alentador; en especial porque el porcentaje de analfabetos es muy elevado. Su incorporación al Consejo alarma a ciertos miembros conservadores o tradicionalistas, sobre todo cuando empieza a formular sus ideas:

> Hace falta una legislación que transforme las bases de las escuelas en su orientación y fines, procurando formar maestros que se adapten en su alta misión de enseñar, a las necesidades de cada región.

Propicia la expansión de escuelas rurales y durante su permanencia en el Consejo se le reconoce haber impulsado "las iniciativas de gran aliento", como en el caso de las escuelas nocturnas. Sostiene que

> no deben ser sólo establecimientos de primeras letras sino un centro de auténtica cultura técnica y profesional que habilite al adulto para luchar por su mejoramiento individual (…) La escuela nocturna es, hoy, un remedo de la común, inadecuada para adultos.

Asimismo, propone estimular la enseñanza de los "objetos que se relacionan con la industria habitual de los alumnos" y que "las materias comprendidas en el mínimum se relacionen con las necesidades del país".

Los miembros del Consejo que no simpatizan con las iniciativas de Moreno tampoco manifiestan una oposición frontal; se sienten abrumados ante su extraordinaria capacidad de trabajo y sus brillantes dotes de organizador. Además, Moreno es temible en la réplica.

Sarmiento introdujo durante su gobierno las escuelas superiores de niños que impartían la enseñanza de idiomas, música vocal, dibujo y las "artes manuales" que estimaba eran "completamente indispensables en la economía interior de los pueblos". Adaptando la enseñanza a la época, Moreno piensa en "las necesidades de las clases pobres", propiciando programas para las escuelas de adultos que instruyan acerca del dibujo industrial, arte aplicado, contabilidad, dactilografía, estenografía, corte y confección, cocina y otros oficios manuales. E ironiza:

> Seguramente que este conocimiento es más importante que el de la letra gótica y el de la osteología humana que vi personalmente dar en una escuela nocturna ante un parietal y una mandíbula.

Anhela inculcar "el culto al trabajo" y desarrollar las dotes anímicas del individuo para formar el carácter, pues cree que sin aptitudes para el trabajo, sin manos útiles "no existen hombres sino parásitos".

En su permanencia en Londres durante las sesiones del Tribunal Arbitral en relación con el litigio fronterizo con Chile, frecuentó las escuelas de obreros en los barrios pobres de esa ciudad. Allí pudo evaluar el servicio que prestaban y los objetivos que perseguían; esas observaciones le servirán tiempo después para aplicar las mejoras que consideraba necesarias en la educación argentina.

Convencido de que el derecho a la alimentación está comprendido en las disposiciones de la ley de educación común, cuando establece que la escuela primaria tiene por objeto favorecer y dirigir simultáneamente el desarrollo moral y físico de todo niño, de seis a catorce años de edad, debe entenderse que para que el niño pueda recibir educación moral e intelectual debe estar físicamente preparado para ello.

En 1905, para mitigar el flagelo de la desnutrición entre los hijos del proletariado, Moreno solicita al Consejo Municipal su colaboración, para introducir en las escuelas públicas "la alimentación para el niño menesteroso". Contaba con el antecedente de las "escuelas patrias" que él mismo fundara en 1904 en el barrio del Parque de los Patricios, en la "Quinta de Moreno", construida por su padre, donde transformó las cocheras en aulas, cocina y comedores.

Así, las escuelas se van expandiendo y con el tiempo no solamente van niños sino también adultos; en una escuela de la calle Arenas, por ejemplo, se llega a servir comida a más de cien personas. Sin embargo, los fondos se agotan rápidamente; entonces gestiona la incorporación de las escuelas patrias al Patronato de la Infancia. De este modo, cada día se distribuye leche, pan y una rebanada de carne fría o embutido.

La resolución modifica notablemente la conducta de los chicos quienes, habituados a desconocer o desertar de la escuela, paulatinamente se muestran proclives a aceptarla y concurrir.

Moreno trata de inculcar el principio de que "la nutrición deficiente es el más temible de los defectos físicos de que padece el escolar" y, simultáneamente, fomentar la enseñanza de materias prácticas y manualidades. Y si bien el Patronato de la Infancia costea las escuelas patrias en el Parque de los Patricios, trata de expandir la iniciativa.

En sus peticiones a legisladores e instituciones para instaurar los comedores no sólo tiene presentes las metodologías y experiencias de las escuelas obreras inglesas sino también las cantinas escolares de Francia que funcionaban desde 1849; para eso, recurre a las palabras de Dantón: "después del pan, la educación es la primera necesidad de un pueblo". Y destacaba, a la vez, su propagación en Alemania, Holanda, Suiza, Italia, Noruega y Estados Unidos.

Pero la prédica de Moreno, en una sociedad insensible y ajena a la paupérrima situación de las clases pobres, no tiene mucha resonancia; incluso, cuando enfatiza ante los poderes públicos que "el niño es nuestro gran capital nacional, la Nación debe protegerlo, ayudarlo y encaminarlo", no obtiene respuesta.

Las ocasiones en que Moreno se siente cada vez más incomprendido y aislado se repiten y comienzan a abrumarlo. Más aún cuando ya no tiene recursos propios para financiar sus iniciativas educativas.

Un curioso e inusual comentario, acerca de las escuelas de Patricios, revela:

> El ambiente cambió. Las maestras no fueron ya insultadas ni apedreadas. Los niños inclinados al bien o al mal, según el lado del empuje, tomaron el buen rumbo. Las aulas se llenaron, fue necesario aumentarlas año tras año.

Desde la vicepresidencia del Consejo de Educación crea también "La Obra de la Patria", que abarca la zona de Barracas y Patricios, barrios populosos y con mucha pobreza, con la finalidad de crear un lugar para chicos desamparados y sin alimentos, donde puedan pasar el día protegidos mientras sus padres trabajan. Se les imparte enseñanza elemental y labores como tejido, carpintería, esterillado de sillas y otras manualidades. Con el tiempo se da amparo a familias sin trabajo, y se les provee alimentos, mantas y algunos artefactos de cocina. Incluso cuando por extrema necesidad empeñan la máquina de coser o se les descompone, La Obra pone a su disposición el local y una máquina prestada en la que pueden seguir trabajando.

En un medio de abrumadora pobreza, La Obra se impone contribuir con ayuda efectiva y asistir al mayor número posible de chicos y familias carenciadas. El sistema, de acuerdo con el modelo inglés, amplía y extiende las actividades a todos los ámbitos: para las escuelas nocturnas se organizan reuniones festivas, juegos, diversiones, torneos deportivos y recreativos. De esta manera, se transforma la estructura de las escuelas nocturnas y se orienta la educación hacia la capacitación de los asistentes, para que adquieran "un medio para luchar con eficacia en la vida".

Una escuela de Barracas, dirigida por la señorita Sara Abraham, coincidente con las ideas de Moreno, cuenta con cuatrocientos cinco alumnos de ambos sexos que se educan de acuerdo con el innovador programa. Se funda una biblioteca que supera los cuatrocientos volúmenes y se constituye la primera asociación cooperadora integrada por padres obreros y maestros, con el nombre "Padres y Maestros". El objeto es multiplicar ese tipo de cooperadoras con el propósito de crear talleres de artesanos para alumnos de más de 14 años.

En el desarrollo de esta obra colaboran con Moreno las señoritas Sara Abraham y Victoria Aguirre, una mujer de recursos que hace importantes donaciones. Entre otros auspicios intervienen en la fundación de una escuela nocturna de cursos postescolares para adultos de ambos sexos, creada por resolución del Consejo Nacional de Educación en mayo de 1913.

La Asociación Padres y Maestros agrupa a un importante número de colaboradores que prestan sus servicios ad honorem para la ejecución de un amplio programa de capacitación, que abarca: lectura y escritura; nociones elementales de Geografía, Historia, Instrucción Cívica, y cursos de Contabilidad, Dactilografía, Taquigrafía y Aritmética.

Las materias prácticas son carpintería, cestería, esterillado, trabajos con mimbre y alambre, tallado, electricidad, telégrafo, cartoneado y encuadernación, economía doméstica, dibujo, corte y confección, labores, tejidos, etcétera.

A esta altura Moreno ya no tiene recursos para aportar a las escuelas y el remate de sus bienes lo ha dejado en la ruina; por último, termina alquilando una humilde vivienda en Charcas al 4200, donde vive solo.

Un pequeño incidente muestra la magnitud de su soledad. En ese año, 1919, trata de entrevistar al presidente Yrigoyen para presentarle algunas iniciativas con relación a las escuelas populares. Entrega su tarjeta al ordenanza y espera largo tiempo para que lo atiendan. Cuando aquél regresa, le pregunta:

—¿A usted, quién lo recomienda?

Decepcionado, le comenta lo sucedido a su hijo Eduardo:

—Siempre pensé que Yrigoyen era un argentino bien intencionado, pero mal informado. ¡Habrá pensado que yo fui a pedirle algo para mí...!

No obstante, logra que el Consejo Nacional de Educación apruebe su proyectada "Escuela para la Cenicienta", que impulsa la enseñanza en los hogares más humildes, visitados por maestras ambulantes.

Pese a las crecientes dificultades que debe afrontar, Moreno se hace tiempo para atender sus otros intereses. Al año siguiente, por iniciativa suya, se crea el Parque Nacional del Sur, primer parque nacional argentino. Además, indaga en enfermedades y parásitos de animales y plantas, y encara estudios de técnicas agrícolas para implantar variedades de cereales no conocidas. Al mismo tiempo, promueve un proyecto de ley para la protección de ruinas de antiguas culturas indígenas.

Entretanto, medita: "¡Qué duro es saber que la vida se acorta tan ligero! Pero, ¿no es más duro vivir sin servir?"

Un ámbito extraño y hostil

Las adversidades se agolpan en torno de Moreno y lo empujan a tomar la decisión que hace tiempo viene meditando: abandonar Buenos Aires. En realidad, esta determinación, lejos de afligirlo, lo anima; ya se siente un extraño en la ciudad y lo único que puede devolverle la paz a su espíritu es el retorno al escenario en el que protagonizó su más anhelada aventura y experimentó el mayor deslumbramiento.

Su actividad se había reducido a la colaboración con el Aero Club Argentino como miembro de la Comisión Consultora de Aerofotogrametría y como presidente de la Sociedad Estímulo de Bellas Artes.

Lo mortifican en Buenos Aires la mezquindad y la indiferencia oficial para con sus proyectos sociales sobre todo, porque lo hacen prescindible y él no puede *vivir sin servir*. La escasa visión de los políticos, absorbidos por pequeñas cuestiones y objetivos mediocres, acentúan su pesimismo.

El último motivo llega cuando el Banco de la Nación Argentina, por deudas impagas, envía a remate judicial lo que queda de sus pertenencias. Todo lo demás se lo ha llevado inexorablemente la filantropía.

Sin embargo, aún puede rescatar lo necesario para sufragar los gastos que demandará su viaje: unos cuadros de valor. La última expedición, por cierto, porque está resuelto a terminar sus días en el sur.

El 16 de noviembre de 1919, envía una carta a su muy estimado Emilio Frey, donde le dice:

> Le ha de preocupar el telegrama que le he hecho llegar hoy pidiéndole me envíe mi cámara fotográfica porque me voy al Sur. Ésa es la verdad. Desencantado de promesas que no se cumplirán, pues arriba nada se quiere saber conmigo aun cuando el doctor Maza se empeña en que se cumpla lo prometido, me estoy procurando recursos míos para hacer lo que tantas veces hemos hablado. Pensé esperar su regreso pero el doctor Maza me dijo hoy que tardaría usted dos o tres meses en regresar.
> Mucho siento ir a Huechulafquen, al Lácar, al Nahuel Huapi, a Huahuechageyen, etc., etc. sin usted. Los dos hubiéramos hecho obra grande para el país, pero estas cosas no se comprenden aquí.
> Hágame pues el favor de escribirme cuando usted crea conveniente ver. El tiempo no me preocupa, ni el gasto, quiero hacer lo que pensé siempre realizar, aun cuando deje los huesos allí, a morir aquí en un conventillo. Deme presentaciones e indicaciones sobre todo para Nahuel Huapi, en todos sus rincones. Espero salir de aquí a fines de mes o principios del entrante. ¿Cómo van sus trabajos?
> Suyo siempre
>
> Francisco P. Moreno

La carta es enviada a Victoria, La Pampa, donde se halla Frey en gira de inspección como funcionario de la

Glaciar Perito Moreno.

Dirección de Tierras. Éste, a su vez, la enviará quince años después a Eduardo V. Moreno, y será reproducida por la nieta, Adela Moreno, en sus *Recuerdos de mi abuelo.*

Frey también comentará a Eduardo que su padre le había facilitado la cámara fotográfica para utilizarla en su gira por la Pampa Central: "Deseaba hacer la gira al Sur conmigo, pero de esperar mi regreso se pasaba la mejor época y decide hacer el viaje él solo".

Tiempo después, referirá Frey que Moreno siempre pensó en realizar una nueva gira por la región del Nahuel Huapi para efectuar un levantamiento topográfico de toda la zona, que sirviera de base para el mejor aprovechamiento de la parcelación de la tierra, construcción de caminos y ferrocarriles y radicación de industrias con materias primas de la región. Quería llevar adelante el plan de colonización de Bailey Willis, no en la vasta proporción de éste, sino con modificaciones.

Y como carecía de recursos para hacer la gira por cuenta propia se interesó al Dr. Isidro J. Maza, director de Tierras quien, interpretando la propuesta de Moreno, creó una División Técnica anexa, cuya jefatura debía adjudicarse a él, lo que sin embargo no se produjo por la negativa del presidente Yrigoyen.

Es en esos momentos cuando Moreno, librado a su propia suerte, se propone emprender una ilusionada gira a su costa, con el dinero que obtendría con la venta de los cuadros. Sin embargo, nunca podrá llevar a cabo ese viaje. Francisco P. Moreno fallece seis días después, inmerso en la amargura y la soledad.

El país que abandona Moreno se resiste a cambiar; persisten los límites de la estructura agroexportadora, haciendo caso omiso a los nuevos paradigmas socioeconómicos; los proyectos de transformación estructu-

Araucarias, árboles característicos del paisaje patagónico.

Desolado aspecto del cerro Mayo en invierno. Debe su nombre a Francisco P. Moreno.

ral que inspiraron a los fundadores de la Nación en la segunda mitad del siglo XIX, entre los que Moreno se contó precozmente, quedan inexorablemente postergados.

Tanto el fruto de sus investigaciones como sus numerosas propuestas acumulan polvo en las carpetas. La Patagonia no arribó al destino que le habían fijado los hombres que, como él, abundaron en planes para convertir ese inmenso territorio en una geografía de promisión. En su último viaje al sur, apunta: "La riqueza duerme el sueño de los siglos". Poco había cambiado y algunas décadas más tarde la desertificación, en un mapa de la Unesco, igualaba a Santa Cruz y Chubut con la zona subsahariana de África.

De persistir el estancamiento, el espíritu·de Francisco P. Moreno recorrerá la vasta extensión como un fantasma. Y cuando cesen las regalías, sus ideas volverán a ser tan actuales como lo fueron ayer, lo son hoy y, como una fatalidad, lo serán mañana.

El error reiterado es creer que Moreno es solamente una figura para conmemorar, para inmovilizar en un monumento o un busto, o para exaltar con discursos de circunstancias en algún acto batido por el viento. Para maldición de la burocracia y la política menor, sus enemigos eternos, Moreno sigue vigente y sobrevuela los siglos con la perdurabilidad y el rigor de los visionarios.

A su muerte, el 22 de noviembre de 1919, no hubo para él honores oficiales, ni honras fúnebres. En su país fue virtualmente ignorado pero en cambio llegaron nu-

Isla Centinela,
en el Lago Nahuel Huapi

merosas expresiones de pésame y condolencias desde los medios científicos de Estados Unidos. Francia, Italia, Noruega, Suecia y Gran Bretaña.

Un solitario artículo acerca de la desaparición de Francisco P. Moreno es publicado en El *Monitor de la Educación Común*, órgano del Consejo Nacional de Educación. Entre otras expresiones de dolor y reconocimiento, destaca:

> En él las ideas se traducían en actos. No había nada en él que no concurriera a la acción. Franco y leal por donde se le buscara, de una ingenuidad desconcertante, el corazón bien puesto y las manos limpias, él mismo ignoraba la potencia de su energía.

A instancias de la Dirección de Parques Nacionales, veinticinco años después de su muerte, sus restos son trasladados al mausoleo erigido en la Isla Centinela, Nahuel Huapi.

Bibliografía

Almada H. M.: *Acontecimientos y Protagonistas de la Patagonia*, Continente.

Babini, José: *El Museo de La Plata*. Moreno, Solar.

Barros, Álvaro: *Indios, Fronteras y seguridad interior*, Hachette.

Bertome, C. A.: *El Perito Moreno, centinela de la Patagonia*, El Ateneo.

Biedma, José Juan: *Crónica histórica del Nahuel Huapi*, Emecé.

Caillet-Bois, Teodoro: *Viajes de exploración en la Patagonia; Piedra Buena, su acción patriótica. La primera población de Chubut*, Argentina Austral.

Darwin, Charles R.: *Viaje de un naturalista por la Patagonia*, El Ateneo.

D'Orbigny, Alcides: *Viaje a la América Meridional*, Futuro.

Guevara, Tomás: *Psicología del pueblo araucano*, Imprenta Cervantes, Chile.

Gorraiz Beloqui, R.: *Exploración y transformación del Oeste*, Argentina Austral.

Hosne, Roberto: *Barridos por el viento, historias de la Patagonia desconocida*, Planeta.

——*Historias del Río de la Plata*, Planeta.

—— *En los Andes. Historias de héroes, pioneros y transgresores*, Planeta.

—— *Patagonia, leyenda y realidad*, Eudeba.

López, Lucio V.: *La Gran Aldea*, Eudeba.

López, Vicente Fidel: *Historia de la República Argentina*, Sopena.

229

Madsen, Andreas: *La Patagonia Vieja*, Galerna.

Mandrini, Raúl J.: El mundo de la frontera indígena, Siglo XIX.

Márquez Miranda I.: *Francisco P. Moreno y las ciencias del hombre en la Argentina*, Ciencia e Investigación.

Moreno, Eduardo V.: *Reminiscencias de Francisco P. Moreno*, Eudeba.

Moreno, Francisco P.: *Viaje a la patagonia Austral*, Solar.

Moreno Terrero de Benítez, A.: *Recuerdos de mi abuelo Francisco P. Moreno*, La Tradición.

Musters, George Ch.: *Vida entre los Patagones*, Solar/Hachette.

Onelli, Clemente: *Trepando los Andes*, Marymar.

Parish, Woodbine: *Buenos Aires y las Provincias del Río de la Plata*, Hachette.

Payró, Roberto J.: *La Australia Argentina*, Centro Editor de América Latina.

Solís, Leonardo L.: *Maloqueros araucanos en las fronteras*, Imprenta Cervantes, Chile.

Torres I. M.: *Doctor Francisco Moreno, fundador y primer director del Museo*, Revista del Museo de La Plata.

Vallard, Johan A.: *El hombre y los Andes*, Ediciones Culturales Argentinas.

Viedma, Antonio: *Diario*, Centro Editor de América Latina.

Walter, J. C.: *La Conquista del Desierto*, Eudeba.

Willis, Bailey: *El Norte de la Patagonia. Historia de la Comisión de Estudios Hidrológicos del Ministerio de Obras Públicas*, Ministerio de Obras Públicas.

—— *Un yanqui en la Patagonia*, Sudamericana.

Ygobone, Aquiles D.: *Viajeros científicos de la Patagonia*, Galerna.

—— *Francisco P. Moreno*, Plus Ultra.

Zeballos, Estanislao: *Viaje al país de los araucanos*, Solar.

Índice